LUCIEN BOUCHARD

EN ATTENDANT LA SUITE...

de Michel Vastel

est le neuvième ouvrage

publié chez

LANCTÔT ÉDITEUR.

D1191016

LUCIEN BOUCHARD
En attendant la suite...

DU MÊME AUTEUR

Le neveu (avec Réal Simard), Montréal, Québec/Amérique, 1987.

Trudeau le Québécois, Montréal, les Éditions de l'Homme, 1989.

Bourassa, Montréal, les Éditions de l'Homme, 1991.

Michel Vastel

LUCIEN BOUCHARD

En attendant la suite...

LANCTÔT
ÉDITEUR

LANCTÔT ÉDITEUR
1660, avenue Ducharme
Outremont, Qc
H2V 1G7
Tél.: (514) 270.6303
Téléc. :(514) 273.9608

Photo de la couverture :
Normand Blouin, agence Stock

Mise en pages :
Folio infographie

Distribution :
Prologue
Tél.: (514) 434.0306 ou 1.800.363.2864
Téléc.: (514) 434.2627 ou 1.800.361.8088

© LANCTÔT ÉDITEUR & Michel Vastel, 1996
Dépôt légal – 2e trimestre 1996
Bibliothèque nationale du Québec
ISBN 2-89485-009-3

*Aux lecteurs de quotidiens et
de magazines,
aux auditeurs et téléspectateurs
que, faute d'espace ou de temps,
le journaliste a trop souvent
laissé en appétit de savoir...*

INTRODUCTION

Ce livre en est un de journaliste frustré, plutôt que
d'auteur pressé.

Lorsque mon éditeur m'en parla pour la première
fois, il prétendit que les Québécois étaient curieux d'en
connaître plus sur ce personnage que je venais moi-
même de présenter, dans le magazine *L'actualité*,
comme une « énigme ».

De fait, plusieurs lecteurs m'avaient adressé le
reproche de ne pas en révéler davantage sur le passé
de Lucien Bouchard. « Il ne s'agit pas de vouloir connaître la vie privée des personnalités politiques dans
tous leurs détails, m'écrivit l'un d'entre eux, mais le
passé de quelqu'un peut souvent aider à comprendre le
présent et sa vision de l'avenir. »

Tel est bien le sort des journalistes portraitistes :
les contraintes d'espace les arrêtent souvent à l'étape
de l'esquisse.

D'ailleurs, dans le cas de Lucien Bouchard, les
nombreuses conversations que nous avons eues, d'au-
cunes formelles d'autres à caractère plus privé, se sont
invariablement terminées sur la même remarque de sa

part : « Je pense que je t'en ai encore trop dit. »

Et puis, il arrive souvent au chroniqueur politique de recueillir des confidences des personnages publics. Que de fois des premiers ministres et des ministres ont-ils ainsi préfacé leurs propos : « Je ne te confie pas cela pour que tu le publies demain. Mais je sais que, dans quelques années, cela se retrouvera peut-être dans un livre. Cela ne me dérangera pas alors... »

Oui, Lucien Bouchard m'en a beaucoup dit. Et en comparant mes notes à son propre essai autobiographique, *À visage découvert*, j'ai constaté qu'il ne m'a pas forcément dit la même chose ! En outre, j'avais l'avantage de suivre sa carrière politique de l'extérieur et le loisir de vérifier avec d'autres sa version de l'histoire.

Je ne prétends donc pas être *le* biographe de Lucien Bouchard, ni de quiconque d'ailleurs. J'ai souvent regretté que nos plus grands personnages ne prennent pas le temps de se raconter eux-mêmes, confiant du même coup à d'autres la redoutable responsabilité de les décevoir ou de leur déplaire.

Ce livre n'est donc pas autorisé. Il ne prétend pas non plus constituer *la* biographie du « premier ministre du Québec, M. Lucien Bouchard ». Il appartiendra aux seuls historiens de juger, en temps et lieu, si ses actions à la tête du gouvernement du Québec méritent vraiment un livre !

En attendant la suite donc, ces chapitres représentent simplement tout ce que je sais de Lucien Bouchard. Et rien de plus...

□

Mes premiers remerciements doivent aller à Jacques Lanctôt qui eut la détermination de poursuivre cette idée d'un livre sur Lucien Bouchard que bien d'autres éditeurs lui envient maintenant. Il sut me convaincre de rassembler toutes les notes que j'avais accumulées au fil des années et il eut, avec son équipe, la patience d'attendre mon manuscrit.

Je dois aussi beaucoup à l'attentive lecture que certains ont faite de ce manuscrit, en particulier Paule Beaugrand-Champagne, rédactrice en chef adjointe du magazine *L'actualité*, Luc Lavoie, ancien collaborateur et confident de Lucien Bouchard, aujourd'hui vice-président et associé principal du Cabinet de relations publiques National à Ottawa, et Monique Thouin. Quant au directeur de l'information du journal *Le Soleil*, André Forgues, il a eu la gentillesse de m'encourager et de convaincre les autres journaux du groupe Unimédia, *Le Droit* d'Ottawa et *Le Quotidien* de Chicoutimi, de se passer de ma chronique pendant un certain temps.

Il va sans dire que, tout en garantissant l'authenticité de chacun des propos de Lucien Bouchard, je porte, selon la formule consacrée, l'entière responsabilité des miens. Je persiste donc et signe,

MICHEL VASTEL
Montréal, Pâques 1996

CHAPITRE PREMIER

« DU CÔTÉ PAUVRE DE LA VILLE... »

Lucien Bouchard n'a jamais secoué la terre qui s'est collée à ses premiers pas d'enfant.

« Si j'ai une racine plantée quelque part, dans un coin de terre, c'est à la ferme familiale », me dit-il un soir de 1990, au moment où, sa carrière « canadienne » achevant, il s'apprêtait à « rentrer dans ses terres » justement.

C'est là-bas, sur la rive nord du lac Saint-Jean, qu'il emmenait en 1988 sa future deuxième femme, Audrey Best, tout juste débarquée de Californie, pour « lui montrer le Québec ». C'est là-bas aussi qu'il retournait, deux ans plus tard, porter son premier fils, Alexandre, sur les fonts baptismaux de cette petite église où il avait été lui-même baptisé.

Là-bas, c'est Saint-Cœur-de-Marie, un village qui n'apparaît même pas tout en haut de la carte routière du Québec. Tellement loin de tout que certains le surnommaient autrefois « Cinq heures de char » !

Le jour du référendum de 1995, y retournant encore, cette fois pour glisser dans l'urne électorale son oui à la souveraineté du Québec, Lucien Bouchard n'y a probablement pas pensé, mais c'est là-bas aussi que, le 30 octobre 1905, son grand-père Joseph Bouchard s'est installé. Ces « racines » — dont se réclame aujourd'hui le premier ministre du Québec et auxquelles il tient tant à se raccrocher chaque fois que sa vie prend un virage — se sont plantées là, le 22 décembre 1938, alors qu'il est né dans la grande maison de bois blanc construite en 1921 par son oncle Adélard.

En dépit des aléas de sa vie privée et des méandres de sa carrière publique, Saint-Cœur-de-Marie et la région du Saguenay–Lac-Saint-Jean demeurent ce qui n'aura jamais changé chez Lucien Bouchard.

L'histoire de la famille Bouchard a commencé en Charlevoix. Claude, ou plutôt « petit Claude » comme on l'avait surnommé à son arrivée au Québec en 1650, s'était installé à Petite-Rivière-Saint-François, « sur une terre de cinq arpents de large et d'une lieue et demie de profondeur ». Puis l'arrière-arrière-grand-père de Lucien, Omer Bouchard, avait déménagé deux siècles plus tard dans la région du Saguenay, à Bagotville, juste à l'autre bout de ce qu'on appelle encore la « route du petit parc ».

Enfin le bisaïeul, Sixte Bouchard, s'était établi au bord du lac Saint-Jean, à Saint-Jérôme de Métabetchouan. « C'était une sorte de notable de village », se souvient son arrière-petit-fils Lucien qui l'a écouté, tout jeune enfant, raconter comment il avait défriché son demi-lot. « Maire de Saint-Jérôme, il avait visité la France en 1920 et il en parlait tout le temps. Personne n'avait vu l'Europe en ce temps-là. C'était un bonhomme bien fier, très orgueilleux aussi, et plutôt indépendant d'esprit. Je m'en souviens comme d'une espèce de grand seigneur. »

Lucien Bouchard a toujours un peu idéalisé ses souvenirs d'enfance. La ferme, pour lui, c'étaient les
promenades en charrette, l'odeur du bois fraîchement
coupé, les repas de volailles, les soirées à écouter
le père et les oncles chanter les airs de la vieille
France pendant que leurs femmes, souvent éduquées
pour devenir des religieuses, les accompagnaient au
piano...

La vie n'était pourtant pas facile au début du siècle.
Après tout, la population de la province n'avait pas
encore franchi le cap des deux millions d'habitants.
Une équipe d'arpenteurs en était encore à tracer les
frontières de la Saskatchewan et de l'Alberta. Et la
Colombie-Britannique n'était qu'un lointain territoire
du Nord-Ouest. Les femmes ne votaient pas. Et l'éducation était toujours réservée aux riches. Ou aux futurs
prêtres.

Encore aujourd'hui, dans ses moments de découra-
gement, Lucien Bouchard finit toujours par avouer :
« Pendant toute mon enfance, jusqu'à ce que je fréquente l'université en fait, j'éprouvais le sentiment
d'être du côté pauvre de la ville. »

Son grand-père Joseph, le fils aîné de Sixte, dut
quitter l'école du rang après sa troisième année pour
aider aux travaux des champs. Quand il se maria à une
maîtresse d'école, Lydia Martel, il resta sur la ferme
paternelle pendant plusieurs autres années. Car tel était
le lot des jeunes couples : la bru aidait à la cuisine en
élevant sa marmaille tandis que le fils continuait de
cultiver la terre de son père.

Ce n'est qu'après le troisième enfant que, tout le
monde se sentant un peu à l'étroit, on chercha une
terre dans les environs, de préférence en friche parce
qu'elle coûterait moins cher.

Les 200 acres de « *crans* » et de savane qu'on trouva sur le rang de la Décharge, à Saint-Cœur-de-Marie, ne coûtèrent que 2500 $, y compris une hypothèque de 1100 $ que Sixte Bouchard paya de sa poche, pour récompenser enfin son fils de ses 15 années de labeur sur sa ferme. Joseph Bouchard s'engageait à rembourser les 1400 $ restant, à raison de 100 $ par année.

Le déménagement de la famille Bouchard se fit en deux temps. Joseph partit, le 30 octobre 1905, avec ses 3 garçons : Rivard, 4 ans, Adélard, 3 ans, et Eugène, âgé de 19 mois. L'historien de la famille, l'abbé François Bouchard, raconte : « On attela à une charrette un poulain d'un an, le seul bétail de ferme qu'on allait apporter. Dans la charrette, on plaça le *complet* de chambre de Lydia, un *ber*, une couple de vieilles couchettes de bois, cinq à six chaises faites au pays, et du linge de corps et de lit. »

Quant à Philippe Bouchard, le père de Lucien, il allait naître deux semaines plus tard, ce qui obligea « grand-mère Lydia » à rester quelque temps de plus à la ferme de Saint-Jérôme de Métabetchouan. La maison de pièces sur pièces qui les attendait là-bas, de 8 mètres sur 10, n'était même pas finie. « Ils en ont mangé de la misère, mes parents, raconte Lucien Bouchard. Ils ont bûché, puis semé, puis bûché encore et coupé, arraché les arbres avec des chevaux, puis des sciottes et des haches. Ils ont bâti des maisons de fortune, cassé la glace le matin dans les bassins pour se laver, charrié l'eau parce qu'il n'y avait même pas de source sur la terre. »

Lucien Bouchard affirme qu'enfant son père était tellement pauvre que, les beaux jours venus, il se rendait à l'école pieds nus, pour ne pas user ses chaussures. Étranges générations que celles-là dont les hommes, mis aux travaux de la terre à l'âge de 10 ans, savaient à peine écrire leur nom. Les premiers balbutiements du savoir, et le goût de l'école, c'étaient les femmes qui les transmettaient. Car les communautés de religieuses, qui prenaient soin de l'éducation et de la santé des pauvres, recrutaient beaucoup de jeunes filles dans les campagnes.

C'est ainsi que la grand-mère de Lucien, Lydia Martel, et sa mère, Alice Simard, toutes deux maîtresses d'école, ont mis Lucien et ses frères en contact avec les livres alors qu'ils étaient tout jeunes. La mère en particulier, organiste de la paroisse et fort religieuse, imposa une éducation « presque janséniste » à ses garçons.

Quand, à la fin du mois, les frères du Sacré-Cœur distribuaient l'*ordo* de la classe et que le petit Lucien rentrait chez lui, tout fier d'une autre bonne place, la mère ne laissait rien paraître de sa fierté, au contraire. « On n'est pas des innocents tout de même ! » lançait-elle d'un air sévère, comme si elle reprochait à son rejeton de s'être attendu à des compliments.

Lucien Bouchard n'a certainement pas gardé que de mauvais souvenirs de ce régime somme toute assez exigeant puisqu'il récompensait ceux qui faisaient l'effort de se pousser en avant des autres. Au contraire, il verrait d'un bon œil qu'on y revienne ! Quelques jours après avoir annoncé son intention de briguer la présidence du Parti québécois, le 6 décembre 1995, il disait vouloir « revenir aux méthodes d'enseignement et d'apprentissage qui ont fait leurs preuves : il faut réhabiliter la notion d'effort, inévitable ».

Le père de Lucien Bouchard, comme son propre père à Saint-Jérôme de Métabetchouan, habitait sur la ferme familiale. Cette promiscuité lui pesait sans doute, et il haïssait surtout les travaux des champs. « Il avait plutôt un tempérament d'artiste : il chantait très bien, d'une belle voix de ténor léger, les chansons de Tino Rossi », se souvient son fils.

Un jour d'automne qu'il coupait des arbres et dessouchait la terre, le corps transi par un petit crachin froid, Philippe Bouchard décida qu'il en avait assez. Comme Joseph Bouchard, 35 ans plus tôt, il attela Chevreux, son plus beau cheval, à une carriole et il partit « pour la ville ».

La ville, ce n'était pas Chicoutimi avec son archevêché, son séminaire et ses airs de capitale. Ce n'était pas non plus une de ces *company towns* comme Arvida ou Kénogami, avec leurs maisons bourgeoises réservées aux cadres de la compagnie. « La ville », pour Philippe Bouchard et Lucien, son jeune fils d'à peine deux ans, c'était Jonquière, une ville de maisons de bois avec des hangars à l'arrière, une ville-dortoir pour gens pauvres, ouvriers de l'Alcan et de la Price Brothers.

« C'était mon oncle Adélard qui était le riche, se souvient Lucien Bouchard avec envie. Il était très ambitieux et nous défiait un peu. »

Son père gagnait en effet sa vie en livrant, d'abord en carriole puis en camion, les matériaux de construction que son frère vendait aux entrepreneurs de la région. Lucien Bouchard a ainsi toujours conservé une vive conscience de cette enfance « du côté pauvre de la ville », entrecoupée de week-ends et de vacances d'été sur la ferme familiale, qui semblait alors, à ses yeux d'enfant, aussi belle qu'un domaine de châtelain.

Tous les dimanches, Philippe Bouchard installait ses enfants à l'arrière de son petit camion et montait à la ferme de Saint-Cœur-de-Marie. Grand-père Joseph montrait ses animaux, racontait des histoires, fredonnait *La chanson des blés d'or*. Grand-mère Lydia préparait un panier de volailles et de légumes du jardin qu'on ramenait en ville, le soir venu. « La ferme, c'était le rêve, le rêve brisé », soupire Lucien Bouchard. Car en ville les Bouchard se rendaient bien compte qu'il y avait des gens plus à l'aise qu'eux. « On n'avait même pas d'argent pour s'acheter des jouets. Alors, on les fabriquait nous-mêmes », se souvient Lucien. Heureusement pour lui, les frères du Sacré-Cœur fondent un collège classique à Jonquière. Jusque-là, seuls les enfants de riches pouvaient se payer le Séminaire de Chicoutimi. Quelques autres étudiaient pour entrer en religion et la plupart restaient sur la ferme ou se faisaient embaucher dans les usines et les chantiers de la région. Lucien Bouchard et ses frères furent ainsi les premiers de la famille à étudier pour faire autre chose qu'un prêtre ou un religieux. Avec une quarantaine de prêtres dans les années cinquante, la famille Bouchard était, après les Tremblay bien sûr, la plus religieuse du pays ! On passa ainsi, en une génération, de paysans et de fils de paysans qu'on retirait de l'école avant la communion solennelle, à une classe de professeurs d'université.

Les trois frères de Lucien Bouchard sont tous allés en France obtenir des doctorats : Gérard en histoire et Roch en philosophie, à Montpellier ; et Claude en lettres à Aix-en-Provence. Quand on y pense, le grand-père qui dessouche avec ses mains et sans machines, le père camionneur et quasiment illettré, et le fils, avocat et premier ministre... « C'est un condensé à l'américaine », dit le cinéaste Jacques Godbout qui se sent peut-être inspiré !

Cinquante ans plus tard, Lucien Bouchard rêve avec nostalgie de rebâtir au Québec un tel système d'enseignement qui permit aux enfants d'un petit entrepreneur sans éducation d'accéder aux plus hauts grades universitaires. Ou de diriger un gouvernement ! S'apprêtant à devenir premier ministre, ayant manifestement d'autres problèmes plus importants à régler, il me confiait : « Je me suis permis une incursion dans le domaine de l'éducation à l'occasion de mon dernier discours, que j'ai voulue brève mais percutante, parce que je souhaite avoir mon mot à dire là-dedans. Je me suis souvent souhaité un siège de ministre de l'Éducation à Québec pour faire des choses concrètes, simples, directes et efficaces. »

En attendant les réformes du système public d'éducation au Québec, le premier ministre a néanmoins inscrit ses fils, Alexandre et Simon, à l'une des plus prestigieuses écoles privées d'Outremont, le pensionnat du Mont Jésus Marie. « Mon père et ma mère plaçaient l'éducation au-dessus de tout », écrivit Lucien Bouchard dans ses mémoires autobiographiques. On pourrait aussi ajouter qu'il place l'éducation de ses propres enfants au-dessus de la raison d'État !

Alice Simard rêvait quant à elle que son aîné devienne prêtre. L'évêque de Chicoutimi n'avait-il pas tracé le destin de l'enfant, laissant entendre un jour, après lui avoir posé sa barrette sur la tête, que « Lucien sera notre cardinal » ? Le garçon, plutôt timide avec les filles, ne sortait pas beaucoup. Il se plongeait, l'été, dans les sages écrits de Georges Bernanos.

« J'ai l'impression d'avoir traversé ma jeunesse très seul », avoue-t-il.

L'externat classique Saint-Michel de Jonquière ouvrit ses portes au moment où Lucien Bouchard achevait son primaire. Des 200 gamins qui se ruèrent sur l'examen d'entrée, une trentaine seulement furent acceptés. C'est dire que les privilégiés qui fréquentaient les classes des frères du Sacré-Cœur suscitaient l'envie et se faisaient regarder de haut par les jeunes du « public ». On les appelait d'ailleurs « les tapettes du cours classique » et on les bousculait un peu quand ils se hasardaient dans les ruelles des quartiers populaires.

Grand et plutôt mince, Lucien Bouchard s'était en outre mis en tête de jouer au hockey. Pour se faire du muscle, il s'était fabriqué des poids de ciment. Le soir, entre les exercices de latin et de mathématiques — matières dans lesquelles il excellait plus qu'au hockey ! — il levait et poussait avec application ces poids et haltères de fabrication artisanale.

L'externat Saint-Michel étant un tout nouveau collège, il lui fallait son journal, que Lucien Bouchard fonda avec un camarade de classe, Yves Villeneuve. Ils lui donnèrent le nom de ces montagnes de roche — *Le Cran* — que leurs ancêtres s'étaient éreintés à nettoyer de leurs gros cailloux. Mais « le cran », cela convenait aussi à l'audace de ces potaches dont la prose, pourtant, n'avait rien de bien provocant. Les bons pères oblats, qui avaient pris la succession des frères du Sacré-Cœur pour fonder le collège de Jonquière, ancêtre du cégep d'aujourd'hui, étaient assez indulgents pour laisser passer jusqu'aux fautes de syntaxe et d'orthographe de Bouchard et de Villeneuve.

Les exégètes de la pensée bouchardienne ne trouveront rien, dans ces écrits de jeunesse, de bien compromettant. À la veille des élections fédérales de 1958, par exemple, Lucien Bouchard ne s'émeut pas de la victoire imminente des conservateurs. Il salue même leur chef, John Diefenbaker, « nouveau champion des arènes politiques, comme une des personnalités marquantes de l'année ».

Bouchard a maintenant 19 ans. Dans un autre texte, il se porte à la défense du sport, auquel « certains esprits soi-disant cultivés attribuent un avilissement de plus en plus marqué de la personne humaine... Certes, écrit-il en février 1958, nous ne songeons pas le moins du monde à minimiser le rôle extrêmement important que la pensée joue chez l'homme car, en définitive, c'est elle qui le distingue essentiellement de la brute ; mais l'esprit humain en ce monde n'est qu'en fonction du corps. Qu'il suffise de songer au degré de perfection qu'a atteint la civilisation grecque ; car si les Grecs, qui tenaient pour également estimables le corps et l'esprit, ont produit des œuvres éminemment littéraires et artistiques, il n'en reste pas moins qu'ils ont aussi constitué [sic] les Jeux olympiques. »

Il faut bien l'admettre, on est loin de la fine plume que maniait Pierre Trudeau, au même âge, dans le *Brébeuf*, le bulletin du collège Jean-de-Brébeuf à Montréal. L'une des rares fois où la pensée de Lucien Bouchard s'élève un peu au-dessus de ses maladroites dissertations de jeune adulte, c'est pour tirer les leçons de la conquête de l'espace. Les Russes viennent de mettre leur *Sputnik* en orbite et Bouchard y voit un double enseignement : la Russie socialiste a sorti la jeunesse de l'ignorance dans laquelle les tsars maintenaient les fils de moujiks, mais elle lui a donné le goût d'une science que les communistes veulent mettre au service du matérialisme et de la domination du monde.

« Nous, étudiants catholiques, citoyens de la Cité future, lance-t-il, nous nous devons de réagir devant ce danger croissant et de nous orienter sans crainte vers les carrières scientifiques où nous pourrons rivaliser avec les ennemis possibles de l'État et de l'Église, pourvu que nos recherches soient en fonction de ce qu'il y a de plus noble en nous, notre âme immortelle et notre esprit créateur. »

À vrai dire, Lucien Bouchard n'a jamais été tenté par une carrière scientifique. « J'étais un fort en thème. Je lisais beaucoup et je voulais devenir écrivain », avoue-t-il.

Dans sa précipitation d'échapper à la prêtrise, Lucien Bouchard choisit, en 1959, presque au hasard et pour la couleur rouge du ruban qu'il devait porter à la cérémonie de remise des diplômes, la médecine.

« Mon drame à 20 ans, dit-il, ce fut d'avoir à choisir ce que je ferais dans la vie ! »

CHAPITRE 2

LA SERRE CHAUDE

Quand Lucien Bouchard partit pour l'Université Laval de Québec, à 21 ans, il n'en était qu'à sa troisième sortie hors de la région du Saguenay–Lac-Saint-Jean. Il ne connaissait de la capitale que son jardin zoologique et le théâtre du *Capitole* où ses maîtres avaient eu la bonne idée de l'emmener assister à une représentation du *Bourgeois Gentilhomme* de Molière, par la troupe de la Comédie-Française.

D'ordinaire à cet âge, les jeunes gens de bonne famille ont déjà fait une incursion aux États-Unis, parcouru l'Europe, voire, comme Pierre Elliott Trudeau, fait le tour du monde. La plus grande expédition que Bouchard s'était jamais permise, c'était la traversée du parc des Laurentides. Il n'avait pas encore vu Montréal, « n'avait encore jamais parlé à un anglophone de sa vie ». Certains diraient que Lucien Bouchard sortait du bois...

Lui sortait plutôt de la forêt où il venait incidemment de passer l'été de 1959, sur les chantiers de la Price Brothers, autant pour gagner de l'argent de poche que pour s'interroger sur les raisons qui l'avaient conduit à renoncer à la prêtrise.

« J'étais en repli, me raconta-t-il un jour. J'ai l'impression d'appartenir à cette génération de Québécois qui a commencé à se déployer sur le tard, après un long repli : voilà pourquoi cela me prend du temps à aller vers les choses. »

Finalement, le choix de l'Université Laval s'avéra le bon pour ce *navot* aux allures un peu gauches de puceau. C'était, avant la création de l'Université du Québec et de toutes ses constituantes, la seule université au nord de Montréal. Les étudiants, pour la plupart d'origine rurale, venaient de toutes les régions de la province. « Cela devait bien nous donner une meilleure connaissance du Québec profond que les citadins de l'Université de Montréal », ironise Lucien Bouchard.

La ville de Québec aussi n'était pas trop dépaysante. Les facultés qu'il allait fréquenter se trouvaient dans le Vieux : les bâtiments de pierre grise témoignaient de cette histoire du pays qui l'avait toujours passionné, les restaurants à la mode accueillaient les vedettes politiques du moment, et l'appartement — qu'il partageait avec Bernard Angers, aujourd'hui recteur de l'Université du Québec à Chicoutimi, et André Tremblay, conseiller vedette de Robert Bourassa pendant les grandes manœuvres constitutionnelles du lac Meech et de Charlottetown — se trouvait à un coin de rue des grands cabinets d'avocats de la capitale. Inspirant tout ça !

Et il y avait les Anglais. Mais pas l'Anglais « exploiteur universel ; cigare de Havane, diamants aux doigts, cliquetis de monnaie et de dents en or, rictus sardonique, regards froids et calculateurs, ventre proéminent, arrondissant en arc de cercle une insolente chaîne en or » qu'il décrivait en 1961 dans *Le Carabin*, le journal de l'université dont il était alors le rédacteur en chef.

« Nous étions parmi les rares Québécois qui avaient l'occasion de passer quatre ans avec des anglophones de leur âge, et dans un contexte particulier puisque c'étaient eux qui venaient à Québec pour nous connaître », rappelle-t-il.

La Révolution tranquille, déclenchée aussitôt après la disparition de Maurice Duplessis en septembre 1959, attirait en effet à Québec une classe particulière d'Anglo-Québécois bilingues et avides de comprendre l'éveil d'une société tout juste sortie de la grande noirceur dans laquelle le régime de l'Union nationale l'avait jusqu'ici maintenue.

Malgré tout, l'adaptation à la vie d'étudiant fut pour un temps difficile car Bouchard fuyait tout à la fois sa jeunesse et une éducation religieuse « presque janséniste ». Il apprenait aussi sans doute à vivre loin de l'influence de sa mère. Contrairement à bien de ses confrères de classe, il n'allait pas encore vers un avenir puisqu'il n'avait pas vraiment eu le temps de le choisir.

La médecine ne le tenta pas longtemps. « J'ai regardé un peu ça, les morceaux de cadavres qui flottaient dans le formol : j'ai pas aimé du tout », se souvient-il. Peut-être aussi la perspective d'études aussi longues et coûteuses l'inquiétait-elle un peu.

Lucien Bouchard se traînait manifestement les pieds et cela se voyait sûrement. « Je souffrais d'insécurité, mes amis riaient de moi et j'ai connu une crise d'orientation », avoue-t-il.

Pour ne pas perdre son temps, il choisit la faculté des sciences sociales car il était encore possible, à ce moment-là, d'y obtenir un baccalauréat en un an : « J'ai décidé de jouer sûr avec les sciences sociales, cela me donnait le temps de réfléchir, de vivre en dehors de la maison et de la famille. »

Brillant, Lucien Bouchard finit sa première année avec un prix d'excellence. Fort en mathématiques, il « adorait » surtout l'économie. Encouragé par ses professeurs, il a même failli poursuivre dans cette voie. Bouchard sous-ministre des Finances ? Et voilà pour ceux qui le voient poète et prétendent qu'il n'entend rien aux chiffres !

S'il n'est pas resté à la faculté des sciences sociales, c'est qu'il était en retard d'une génération et que la belle époque du père Georges-Henri Lévesque tirait à sa fin. Les grands commis de l'État qu'elle avait déjà formés étaient maintenant occupés à faire la Révolution tranquille avec Paul Sauvé puis Jean Lesage. Manifestement mal renseigné sur la réputation de cette faculté, dont on dit qu'elle contribua plus que toute autre à la chute de l'Union nationale et à l'avènement de « l'équipe du tonnerre » des libéraux de Jean Lesage, Bouchard négligea même de s'informer auprès de ses professeurs : « Je me laissai museler par ma timidité. »

Il opta donc pour le droit, une discipline qui n'avait pourtant pas toujours très bonne réputation. « Il ne vaut même pas la peine de s'arrêter à nos facultés de droit canadiennes-françaises, décrétait en effet Trudeau en 1956 dans *Cité libre* : des avocats pressés y viennent enseigner aux étudiants comment se retrouver dans les différents codes de la province de Québec. »

Sur le ton de l'excuse, Lucien Bouchard finit un jour par m'avouer les vraies raisons de son choix de carrière : « À vrai dire, je cherchais seulement de quoi gagner ma vie. » Avant l'ouverture d'une constituante de l'Université du Québec et l'explosion de la Fonction publique provinciale qui remplira les premiers grands

édifices de la capitale du Saguenay, en effet, les notables de Chicoutimi, ses modèles de la réussite sociale,
sont des avocats et des notaires. Lucien Bouchard sera
donc de ceux-là... Heureusement pour lui, en ce début des années
soixante, la faculté de droit de l'Université Laval est
«une serre chaude». C'est un ancien mandarin de
Maurice Duplessis, Guy Hudon, qui dirige la Faculté ;
un conseiller de Jean Lesage, Louis-Philippe Pigeon,
qui lui enseigne le droit constitutionnel ; un secrétaire
exécutif de la province, Julien Chouinard, qui l'initie au
droit des corporations ; un futur juge de la Cour
suprême, Yves Pratte, qui lui inculque ses premiers
rudiments de droit commercial ; et le coloré Beauceron
Robert Cliche qui lui apprend les techniques de l'enquête et de la plaidoirie...

« Nous étions entourés d'acteurs de premier plan »,
se souvient Bouchard.

Plus que ses années de rhétorique avec les pères
oblats de Jonquière, c'est donc à Québec, dans cette
université pontificale centenaire, que Lucien Bouchard
s'initie au maniement des mots et au sens des mou-
vements stratégiques qui font les grands généraux de
la politique.

« On apprend l'obligation d'être précis, d'avoir le
sens des nuances, de choisir les mots qui comptent »,
m'expliqua-t-il après avoir fondé en 1991 son propre
parti, le Bloc québécois. « Et surtout, au plan des comportements, le métier d'avocat est l'un des seuls où
vous soyez constamment en butte à des adversaires : en
face du juge qui est là pour trancher, il y a un adversaire qui est payé pour découvrir vos erreurs et les
retourner contre vous. » La politique aussi est une suite
de plaidoiries devant le tribunal de l'opinion publique...

Lucien Bouchard, homme de discipline s'il en fut, qui n'était guère, de surcroît, tenté par les filles et les bars de la rue Saint-Jean, fit donc de très bonnes études. Et se bâtit un réseau de connaissances dont les ramifications s'étendent à tous les partis politiques. C'est ainsi que, encore aujourd'hui, la vie publique de Lucien Bouchard n'est pas seulement une affaire de parti. C'est aussi un club d'anciens camarades d'université.

Ainsi, certains s'étonnèrent, en mai 1994, que le ministre des Affaires étrangères du Canada, André Ouellet, grand pourfendeur de séparatistes, facilite la visite officielle à Paris du très souverainiste chef de l'opposition à la Chambre des communes. Ils avaient oublié les liens qui s'étaient tissés entre les deux hommes sur les bancs de leur quatrième année d'université.

Quand d'autres conjecturent sur l'influence de Denis de Belleval, ancien ministre du gouvernement de René Lévesque, ils devraient se souvenir qu'il a dirigé, avec Lucien Bouchard, le journal de l'université.

De cette classe de 1963 à laquelle appartenait Bouchard, 9 étudiants sur 54 feront de la politique et pas à n'importe quel niveau : un premier ministre du Canada, un premier ministre du Québec, une demi-douzaine de ministres et de sénateurs, et un président du Parti progressiste-conservateur.

Lucien Bouchard, c'était à prévoir en cette année 1959 pendant laquelle John Diefenbaker à Ottawa et Maurice Duplessis à Québec règnent encore en maî-tres, est davantage attiré par les *bleus* comme Michel Cogger, qui l'a pris sous sa protection et sans doute un peu « déniaisé », Michael Meighen et Peter Kilburn, qui l'ont introduit dans la grande bourgeoisie montréa-

laise, Peter White, George MacLaren et tant d'autres
qu'il retrouvera, après 1985, dans la capitale fédérale,
au Parti progressiste-conservateur du Canada.
Et Brian Mulroney bien sûr... Mais cela viendrait
plus tard.
Car pour l'heure, Bouchard est plongé dans l'organisation du syndicalisme étudiant. Rédacteur en chef du
Carabin, il ouvrira largement les colonnes du journal
aux Henry Brun et Jules Brière qui militent pour la
« lavalisation » de l'université et son détachement de la
tutelle du Grand Séminaire de Québec. Il sera aussi du
« coup d'État de 1962 » que les étudiants en droit
fomenteront contre leur doyen, Guy Hudon.
    « On peut dire que cette faculté est de composition
assez bourgeoise », déplore-t-il au cours d'un débat
public avec Jean-Charles Bonenfant. L'engagement
social et politique des étudiants est nécessaire, selon
lui, « pour sortir leurs opinions de leur retranchement
et leur permettre de s'affronter au grand jour ». Cela ne
fait pas l'unanimité dans les associations d'étudiants : à
deux reprises, le comité de rédaction du *Carabin* est
censuré et démissionne en bloc.
    « Il en est des étudiants d'université comme des
jolies femmes, éditorialise un Lucien Bouchard quelque
peu sexiste, le 28 septembre 1961 : on dépense pour
eux beaucoup d'argent, mais on ne s'attend pas à ce
qu'ils disent des choses intelligentes. »
    Il reproche aux « aînés » de prendre les étudiants
pour « des bambocheurs, des verts galants et des
couche-tard ». Le pire c'est qu'ils sont tout cela, admet-
il. « Car ces freluquets brûlent d'un feu que l'argent et
l'expérience se chargeront d'éteindre : viennent les
pots-de-vin, le rond-de-cuirisme, les charges familiales,
les humiliations et les échecs, ces choses-là leur remet-

tront les pieds sur terre », prédit l'étudiant de deuxième année de droit qui commence à comprendre où peut aussi bien mener l'art de Thémis.

Dans cette vénérable institution un peu bousculée par les débats de société dont les échos lui parviennent de l'extérieur, on ne cesse de répéter aux étudiants qu'ils constituent l'élite de demain. Lucien Bouchard plaide, pour lui-même et ses confrères de classe, « de l'indulgence et de la compréhension : la première pour nous faire pardonner nos bévues ; la deuxième pour qu'on fasse crédit d'un certain sérieux à nos aspirations. La jeunesse a conscience d'être porteuse d'un message »... Un beau texte, parmi les plus beaux qu'écrit Bouchard dans *Le Carabin*. Car pour le reste, sa carrière de journaliste, il en convient lui-même, sera plutôt modeste.

Son premier texte, dès l'automne de 1959, est une critique de théâtre dont le style — du genre « le gros monsieur écrasa discrètement des torrents de larmes avec un mouchoir à carreaux rouge et or (un carreau rouge, un carreau or) » — incita les dirigeants du journal à utiliser d'autres de ses talents. On le désigna « directeur technique » du journal et il se contenta, pour un certain temps, de mettre en pages les articles des autres...

Deux ans plus tard, alors qu'il dirige la rédaction et devient son propre censeur, il se permet un conte de Noël, un billet sur le naufrage d'un bateau commodément baptisé *Le Confédération*, une satire sur les militaires et la guerre froide et un pamphlet contre les ciseaux du Bureau de la censure provinciale qui venait d'expurger la dernière édition du dictionnaire Quillet-Flammarion de toute license sexuelle et de propos à saveur anticléricale.

Et comme c'est à cette époque qu'il commence à fréquenter une jeune fille d'Alma, il prépare un numéro spécial sur le mariage des étudiants ! Il envie manifestement ses 325 condisciples qui ont fait le grand saut avant d'avoir terminé leurs études : « Il est plus difficile, et surtout plus compromettant, d'aimer une seule personne que l'humanité, une masse anonyme et lointaine. »

Pour Lucien Bouchard, il ne fait pas de doute que l'étudiant doit s'engager. « La province de Québec est la Floride des intelligences : elles y viennent en villégiature, pour s'y reposer », écrit-il pour dénoncer ses camarades qui « ne sont jamais descendus dans la rue qu'une fois l'an, pour le Carnaval » !

L'engagement social et politique n'est pas, comme pour beaucoup d'étudiants en droit de l'époque, une question d'ambition personnelle. C'est une affaire de chrétien, lui a appris sa mère. Lucien Bouchard dénonce tous azimuts : l'avachissement de ses confrères de classe, un christianisme « devenu religion d'apaisement » et une foi qui s'est « institutionnalisée ».

Les églises du Québec témoignent d'ailleurs selon lui de cette ferveur religieuse de carton-pâte. « La statuaire croupit dans le plâtre moulé, tandis que les fresques multiplient la Sainte Vierge roman-savon et le saint Joseph bonasse », écrit Bouchard qui rêve aux cathédrales de Chartres et de Reims et à Notre-Dame de Paris qu'il n'a encore visitées que dans les livres d'images.

Au moment où indépendantistes, sociaux-démocrates et libéraux se disputent les sièges du parlement étudiant, Bouchard rêve, en première page de son journal, de « brûler d'une flamme inquiète et dévorante, à mi-chemin entre l'angoisse et la certitude ».

Se disant engagé, Lucien Bouchard entend se faire élire représentant de la faculté de droit au conseil de l'Association générale des étudiants de l'Université Laval, l'AGEL. Il reproche à ses adversaires de ne voir, dans les associations étudiantes, que « désordre social, émeutes, piquetage et boycottage de cours... Au lieu de faire le jeu des partis politiques, la jeunesse étudiante, par l'entremise de son syndicat québécois, sera en mesure de leur imposer quelques-unes de ses vues, et de les purifier dans une certaine mesure ». Beau programme ! Mais Lucien Bouchard fait face à ce moment-là au clan de Brian Mulroney. Et perd ses élections ! Quelle ingratitude pour cet homme qui avait participé à une mutinerie contre des méthodes d'enseignement archaïques responsables d'un taux anormalement élevé d'échecs aux examens du barreau... À commencer par celui de Mulroney lui-même !

C'est après l'été de 1963, pendant leur dernière année d'études, que les deux hommes vont se rapprocher et se lier d'une amitié qui durera 27 ans. La plupart des étudiants qui appartenaient à ce qu'on appellera plus tard au sein du Parti progressiste-conservateur « la gang de Laval » faisaient leur stage dans les grandes études de Montréal. Le week-end, Lucien Bouchard emmenait Brian Mulroney, dans sa Volkswagen, visiter les amis dans leurs chalets des Laurentides ou, comme dans le cas de Kilburn, dans les somptueuses résidences familiales de Westmount.

L'Irlandais de Baie-Comeau et le Jeannois de Saint-Cœur-de-Marie, d'une certaine manière, se complétaient. Le premier initiait le second à la vie nocturne du Vieux-Québec. Et le second, dont on dira un jour qu'il parlait « comme un livre de la Pléiade », polissait le français de Mulroney. « Il n'était pas très bon à l'époque », dit-il avec indulgence au temps où il lui écrivait ses discours de candidat à la direction du Parti progressiste-conservateur.

Il n'est pas sûr que Lucien Bouchard ait jamais eu beaucoup d'estime pour Brian Mulroney dont il parle parfois avec la condescendance de l'intellectuel pour l'homme d'action. De caractère renfermé et toujours plongé dans ses livres, il enviait sans doute le sens de la repartie et le sourire désarmant qui firent de Mulroney l'un des étudiants les plus populaires, malgré des résultats scolaires plutôt médiocres. Bouchard éprouvait aussi une sorte de tendresse pour ce fils d'électricien qui en avait arraché comme lui. Et de la fascination pour cet homme capable de toutes les audaces, surtout quand il s'agissait d'organiser des événements politiques. Mulroney n'avait-il pas osé inviter à l'université le premier ministre du Canada, le très unilingue John Diefenbaker, le « vieux lion de Prince Albert », pendant la campagne électorale de 1962 ?

Les talents de Brian Mulroney et de ses amis anglophones comme Meighen et White furent mis à l'épreuve lors de l'organisation du premier Congrès des affaires canadiennes, tenu à l'université en novembre 1961. Le thème — « Le Canada, expérience ratée et réussie » — promettait un bel affrontement entre « pancanadianistes » et « indépendantistes » comme on appelait alors fédéralistes et souverainistes. Rédacteur en chef du *Carabin* depuis septembre, Lucien Bouchard allait s'avérer un témoin privilégié. Et inspiré !

Il décide d'abord, avec le directeur, Denis de Belleval, et le directeur adjoint, Peter Kilburn, de publier une édition spéciale en anglais, « rompant ainsi avec une tradition millénaire... Mais comment parler à des Canadiens anglais dans un journal français ? Tout le monde sait que les Canadiens anglais ne parlent pas français. Nous avons donc mis en péril notre langue, notre culture et notre âme pour mieux vous engueuler !» préviennent les éditeurs du *Carabin*. Sur deux pages, Peter Kilburn se prononce : « Le séparatisme c'est pas une blague !» Denis de Belleval invective : « Vous me fatiguez tous !» Lucien Bouchard, lui, s'interroge sur un pays « qui n'est que l'ombre de lui-même ». Dans une certaine mesure, il a déjà conclu, en 1961, que le Canada n'est qu'une imposture. « Et on ne triche pas longtemps avec l'histoire », prévient-il.

Pourquoi, selon lui, faudrait-il s'obstiner à croire à l'union des Canadiens anglais et français quand ce mariage de convenance n'est fait que de disputes, de récriminations, voire d'hostilité ? Quant au bilinguisme, sur lequel André Laurendeau et sa Commission royale d'enquête sur le bilinguisme et le biculturalisme au Canada ne se sont pas encore prononcés : « Tout le monde sait très bien que ce n'est rien d'autre qu'une pratique fort commode en vertu de laquelle les Canadiens français apprennent et parlent l'anglais ! Si l'assimilation est le prix de l'unité canadienne, il ne faut pas s'étonner que les Canadiens français jugent que ce jeu ne vaut pas la chandelle. »

Le Congrès ne manqua pas de têtes d'affiche : Davie Fulton, le ministre fédéral de la Justice, Jean Lesage, premier ministre du Québec, et son bouillant ministre des Ressources naturelles, René Lévesque. Et surtout Marcel Chaput que Lucien Bouchard était allé cueillir à la gare du Palais. Chaput, chimiste au centre de recherche de la Défense nationale à Ottawa et néanmoins vice-président du Rassemblement pour l'indépendance nationale (RIN), se fit virer par son ministre avant même d'avoir terminé son discours, assurant ainsi à l'événement une place dans l'histoire. Les esprits s'échauffèrent quelque peu. « Nous n'avons pas besoin de vous pour survivre ! » lança René Lévesque aux Canadiens anglais. « Nous non plus ! » répliqua du tac au tac le député néo-démocrate, Douglas Fisher, réputé à la Chambre des communes pour ses sentiments francophobes, selon qui la contribution des Canadiens français à la gloire du pays se résumait à Maurice Richard et à Lily Saint-Cyr !

En ce mois de novembre 1961, Lucien Bouchard n'est pas encore prêt à arbitrer ces grandes querelles, loin de là. Il se contente de poser des questions auxquelles Pierre Trudeau donnera, quelques années plus tard, des réponses qui feront provisoirement son affaire... « Appelons un chat un chat », lance Bouchard. « Nous formons deux nations. Dans cette perspective, la question n'est pas de savoir si nous pouvons sauver l'unité de la nation canadienne mais : Est-il possible à ces deux nations de continuer à vivre ensemble ? »

Six mois plus tard, les étudiants de l'Université Laval choisissent leurs représentants au parlement étudiant. Les indépendantistes recueillent la majorité, en particulier à la faculté de droit. « C'est la fin d'une époque, conclut Bouchard : celle où l'idée de l'indépendance faisait s'esclaffer tout le monde. »

Lucien Bouchard ne rit plus. Avant même son retour au Saguenay–Lac-Saint-Jean, on saura dans quel camp il se range : dans celui de ces Québécois que Pierre Trudeau appelait déjà « un dégueulasse petit peuple de maîtres chanteurs » !

CHAPITRE 3

LE DISCIPLE
DE PIERRE TRUDEAU

Vers la fin de 1995, alors qu'il s'apprêtait à devenir premier ministre du Québec, Lucien Bouchard me disait son étonnement de « l'image luciférienne et tellement caricaturale » que le Canada anglais brossait de lui. « Ils parlent toujours de mon discours misérabiliste, mais je défie qui que ce soit de citer quelque passage dans lequel je lance un appel au misérabilisme. » La fièvre référendaire de l'automne 1995 aidant, le chef du Bloc ne s'était pas gêné pour marteler à l'occasion le « mythe de l'Anglais avec son gros cigare ». Je me souviens en particulier d'une visite au cégep du Vieux-Montréal, une semaine avant le vote, à l'occasion de laquelle Lucien Bouchard évoquait les complots qu'on ne manquerait pas d'ourdir dans le dos du Québec en cas de victoire du non : « Comme en 1981, dans la cuisine d'un hôtel et dans la boucane des cigares », lança-t-il en faisant référence aux négocia-tions secrètes qui conduisirent au rapatriement de la Constitution.

Ce que les fédéralistes reprochent aujourd'hui à Lucien Bouchard, ce n'est pas tant ses convictions de séparatiste que sa lecture de l'histoire du Canada. Ironiquement, c'est exactement ce qu'il dénonçait lui-même, au début des années soixante, dans l'attitude de ses condisciples...

Encore dans la vingtaine, Lucien Bouchard n'a pas longuement réfléchi, comme Pierre Trudeau par exemple, aux rapports entre Canadiens français et Canadiens anglais, aux relations entre gouvernement fédéral et administrations provinciales. Son discours est encore, pour dire le moins, assez ambigu : il mélange allègrement les termes *Canadiens français* et *Québécois*, et les concepts de pays et de province. Par exemple, évoquant la grande visite qui s'en vient en 1961 à Québec pour le Congrès des affaires canadiennes, il écrit : « Il n'est pas impossible que le Canadien anglais de Colombie-Britannique, en participant au congrès, découvre dans la province de Québec un pays étranger au sien. »

Se déroulant là où tout a commencé, c'est-à-dire près des plaines d'Abraham, le congrès lui donne l'occasion de faire le point. Et Bouchard ne se gêne pas pour railler le misérabilisme de ses compatriotes : « Il y a 200 ans, le sort des armes défavorisa une petite nation habitant un immense pays, raconte le rédacteur en chef du *Carabin*. Ses conquérants, de langue, de race et de religion étrangères, plus nombreux, et partant, plus puissants, envahirent son territoire et s'y installèrent à demeure. » La *petite nation* face au *conquérant* qui *envahit son territoire* : voilà des mots lourds de sens ! Mais, que les âmes sensibles se rassurent, Bouchard les emploie pour mieux les ridiculiser.

Comme dans la fable de La Fontaine, poursuit-il en effet, cette rencontre « du pot de fer et du pot de terre » aurait dû mal se terminer. Eh bien ! non, constate Bouchard : « Malgré les heurts et les frictions qui se sont produits et se produisent encore, l'incroyable mariage ethnique dure toujours ! » Il met donc en garde les Canadiens français — mais n'est-ce pas plutôt les Québécois francophones comme son ami Denis de Belleval ? — contre les ressentiments personnels et l'opportunisme électoral : « Il ne pousse que des champignons vénéneux au milieu de telles mauvaises herbes », prévient-il.

Dans sa jeunesse, Lucien Bouchard a donc réprouvé le fossé d'incompréhension et de préjugés qui sépare les Québécois des Canadiens anglais. Il reproche même aux élites, à ses professeurs en particulier, de lui avoir caché les plus belles pages de son histoire.

Le texte que Bouchard publie à l'automne de 1961 dans son journal étudiant est trop important, puisqu'il y dénonce en termes éloquents le mythe du « Nous et les autres », pour ne pas être largement cité ici :

Depuis deux siècles, nous tâchons d'oublier nos déboires dans la mythomanie, comme d'autres cherchent l'apaisement dans l'opium, les spiritueux et les femmes. D'un commun accord, nous avons caricaturé, plus ou moins consciemment, les épisodes et les personnages de notre histoire. Qui de nous ne se souvient pas de ce portrait féroce qu'il se faisait, tout jeune encore, de l'envahisseur anglais. Wolfe, Phipps, Durham et les autres tombaient tout de go dans la même catégorie que Goliath et Caïn.

L'enfance ne s'embarrasse pas de distinctions : il y a les bons et les mauvais. Nous et les autres... En dépit de nos victoires éparses, l'ennemi finit par l'emporter, faisant de nous une nation de vaincus. À la fin de la section traitant du Régime français, il y avait dans [notre] manuel cette gravure symbolique où l'on voyait Lévis en train de brûler ses drapeaux : on ne saurait dire quelle humiliation s'est alors glissée dans nos cœurs d'enfants, et, avec elle, quel ressentiment à l'endroit des « méchants »... Ces réactions infantilistes [sic] ne sont pas toutes du passé. Les traces qu'elles ont laissées en nous s'appellent aujourd'hui frustrations nationales. Mythomanie et refoulement, voilà ce qui nous caractérise tous plus ou moins... Les conséquences de ce refoulement sont aussi graves que multiples. Tout s'est passé comme si, à partir du Régime anglais, nos manuels d'histoire ne nous eussent plus intéressés... L'Acte d'union, la Confédération, tous ces moments historiques n'éveillèrent que peu d'échos chez nous. Finalement, nous en arrivâmes à considérer comme pays étranger tout ce qui n'était pas la province de Québec...

Et Lucien Bouchard de conclure :

Au lieu de rechercher les occasions de s'imposer aux Canadiens anglais, les Canadiens français ont eu, dans une large mesure, une tendance à les fuir comme la peste.

Pierre Trudeau, professeur à l'Institut de droit public de l'Université de Montréal, dira exactement la même chose en 1962 quand il exhortera les Canadiens français à « refuser de se faire enfermer dans la boîte québécoise ». Sa thèse, qu'il s'apprête à mettre en pratique à Ottawa, est que les Canadiens français doivent se départir de leur mentalité d'assiégés : « Le fédéralisme n'est pas un échec puisqu'on ne l'a jamais essayé », dit-il !

Lucien Bouchard l'avoue lui-même, il est plutôt partisan de la théorie du *brink of the war* du secrétaire d'État américain, John Foster Dulles, la version moderne du *Si vis pacem, para bellum* : il suffit de faire craindre à l'autre qu'on soit prêt à lui déclarer la guerre pour qu'il se mette à vouloir la paix.

Exposant dans *Le Carabin*, toujours à l'occasion du congrès de 1961, ce qu'il appelle pompeusement « la thèse d'un Canadien français », Lucien Bouchard se félicite que quelques « hurluberlus » proposent de détacher le Québec de la Confédération. « Les revendications des disciples de Raymond Barbeau [de l'Alliance laurentienne] et de Marcel Chaput [du Rassemblement pour l'indépendance nationale] créent un état de tension qui amènera probablement les Canadiens anglais à des concessions », annonce-t-il. Le chantage quoi !

Avec une candeur qui l'honore, le jeune étudiant en droit poursuit : « Ils y tiennent au Québec, nos conationaux ! Ne l'oublions pas. Ils savent bien, eux, que le Canada, sans le Québec, ne serait plus le Canada. Ils feront donc tout pour nous garder dans la niche de la Confédération. »

Tel est le genre de raisonnement qui conduisit Pierre Elliott Trudeau à accuser les Canadiens français de ne constituer qu'un « dégueulasse petit peuple de maîtres chanteurs » ! Mais pour Bouchard « l'efficacité est la morale des peuples ». Il est convaincu que, dans

la crainte de voir les Canadiens français constituer leur
État séparé, les Canadiens anglais finiront par leur
accorder ce qu'ils réclament, « c'est-à-dire, souligne-t-il,
le respect de leur autonomie provinciale, de leur
langue, et une plus grande participation à la direction
économique du pays ».

Lucien Bouchard n'a pourtant guère d'estime pour
les séparatistes. Il trouve même leurs méthodes discu-
tables et devine dans leur comportement « un relent de
fascisme ». Son copain de Belleval ne vocifère-t-il pas,
dans les pages du même journal : « S'il nous reste
encore un peu de couilles en tant que peuple, il est plus
que temps de le montrer et de sortir nos griffes. Le
temps de la parlotte est fini : on tire et on pose les
questions ensuite ! » Langage musclé sans doute, mais
bien utile à la cause du Canadien français insatisfait de
son sort.

« Les séparatistes planteront l'arbre, mais il pourrait
se faire que d'autres cueillent le fruit lorsqu'il sera
mûr », prédit Lucien Bouchard.

Il faut bien reconnaître que la stratégie du *brink of
the war* a marché longtemps. Entre 1988 et 1990,
ministre de Brian Mulroney, Lucien Bouchard la
pratiquait encore et crut bien, sur les rives du lac
Meech, « cueillir les fruits » de l'arbre planté par René
Lévesque. S'il avait fait son droit à l'Université de
Montréal et fréquenté Pierre Trudeau dans les années
soixante, ou s'il s'était tout simplement abonné à *Cité
libre*, il se fût évité bien des déceptions.

« Certains jeunes, y écrivait en effet Trudeau en
avril 1962, justifient leur flirt avec le séparatisme par
des considérations tactiques : " Si nous faisons assez
peur aux Anglais, nous obtiendrons ce que nous vou-
lons sans aller jusqu'à l'indépendance ". J'avoue que la

trouille des politiciens et des hommes d'affaires de langue anglaise est drôle à voir, poursuit le railleur. Elle témoigne certainement de leur mauvaise conscience de nationalistes agresseurs. Mais cela aura ses contre-coups : il n'est rien de plus mesquin que le poltron revenu de sa peur.»

En 1996, au moment où le Canada anglais décide qu'il en a assez, qu'il est temps de passer au plan B et d'envisager la partition du Québec, voire sa ruine, la prophétie de Pierre Trudeau ne manque pas d'à-propos ! Mais n'anticipons pas...

□

Lucien Bouchard parle de sa jeunesse étudiante comme « des années effervescentes » : débat sur la nationalisation de l'électricité en 1962, création à Ottawa de la Commission royale d'enquête sur le bilinguisme et le biculturalisme au Canada en 1963, fondation d'un ministère de l'Éducation à Québec en 1964, il est en effet difficile de rester indifférent à la politique.

Pourtant, on ne connaît aucune activité politique à Lucien Bouchard, pas plus dans la Commission-Jeunesse de l'Union nationale que dans la Commission-Jeunesse de la Fédération libérale du Québec, qu'il s'amuse à traiter l'une et l'autre de « vieilles jeunesses ».

« J'ai peut-être flirté avec les libéraux », reconnaît-il. De fait, en avril 1964, il représente les étudiants de l'Université Laval à une manifestation d'appui au gouvernement de Jean Lesage qui négocie avec Ottawa et ses collègues des autres provinces la création du Régime des rentes du Québec et de la Caisse de dépôt et placement du Québec. La réunion des premiers ministres se tient à l'Assemblée nationale. On a installé un micro devant l'édifice, sur les marches qui conduisent à la porte du Sauvage. «Pour la première fois, raconte Lucien Bouchard, j'éprouvai la sensation bien particulière de communiquer avec une foule.»

Il appuie un peu trop le gouvernement libéral au goût du délégué des étudiants de l'Université de Montréal, Pierre Marois, futur ministre dans le gouvernement de René Lévesque, qui lui rabat quelque peu le caquet. «Mon discours avait quelques accents bourgeois», se souvient Bouchard, et Marois, plutôt gauchisant comme la plupart des étudiants de l'Université de Montréal alors, pense que la lutte des classes est plus importante que l'avènement d'un *Quebec Inc*!

Lucien Bouchard n'a pas encore eu la chance, comme Trudeau, de faire le tour du monde, d'étudier à Boston ou à Londres, de fréquenter les couloirs du pouvoir à Ottawa. En 1964, quand celui-ci s'apprête à conquérir le gouvernement du Canada et à investir sa capitale, l'idée d'une carrière en dehors du Québec — voire à Montréal! — ne traverse pas l'esprit de ce «provincial» de Bouchard qui n'a qu'une chose en tête : reprendre la «route du parc» dans sa petite Volkswagen.

«Pourquoi ne suis-je pas allé pratiquer ailleurs, à Montréal par exemple?» se demande-t-il en 1995, alors qu'il hésite à prendre la direction du Parti québécois. «C'est vrai que j'étais très attiré par ma région, que je fréquentais une fille de la région, que j'ai eu une offre extraordinaire. Mais j'aurais pu aller n'importe où : il y avait comme une sorte de repli là-dedans.»

L'idée de mettre en pratique ses propres conseils, d'aller «s'imposer aux Canadiens anglais», ne lui vient donc pas à l'esprit. À la fin de l'année 1967, il refusera par exemple l'offre d'André Ouellet d'entrer, comme attaché politique, dans le cabinet du ministre fédéral des Transports, Paul Hellyer.

Tout cela n'empêchait pas Lucien Bouchard d'être très actif dans le Parti libéral du Canada jusqu'à devenir vice-président de la Commission politique de son aile québécoise. Mais quel avocat de Chicoutimi — à part Marc-André Bédard, souverainiste de la première heure — ne l'était pas à l'époque de la *trudeaumanie* ? Installé à Chicoutimi, il fait ses premières armes d'organisateur libéral à l'occasion des élections générales de 1968 et donne un sérieux coup de main à la réélection du candidat de Pierre Trudeau, un certain Paul Langlois.

« Trudeau, c'est bien », répète-t-il dans les nombreux discours que l'organisation libérale de Chicoutimi lui fait prononcer. Comme il l'avait souhaité quelques années plus tôt, un Canadien français « parfaitement bilingue et d'une grande rigueur intellectuelle » s'imposait. « Pour une fois, les Canadiens anglais vont voir arriver à Ottawa autre chose qu'un Canadien français de service ! » Bouchard y croyait en ce temps-là, au *French power*...

Il admirait aussi Jean Marchand, ancien président de la Confédération des syndicats nationaux (CSN) qui, devenu ministre du Travail à Ottawa, venait pourfendre les créditistes de Réal Caouette, encore populaires dans cette région du Saguenay–Lac-Saint-Jean. Bouchard faillit même, cette année-là, accepter l'emploi à la CSN que lui offrait Marchand. Sa carrière d'avocat eût pris une autre tournure mais il la passera plutôt à plaider des causes patronales.

Fort actif pendant les campagnes électorales, Bouchard était cependant un organisateur politique plutôt désintéressé. « J'étais libéral pendant les élections mais après, je refusais les mandats », assure-t-il. Il aimait certes la politique, mais « n'avait pas ça dans les tripes ».

C'est pour cela qu'en 1970, les libéraux de Robert Bourassa lui offrant de se présenter, il se défile une fois de plus. Il accepte toutefois d'être directeur des communications du candidat local, Adrien Plourde, un syndicaliste tout de même ! Le comté n'avait pas été libéral, au provincial, depuis 1931 et la côte serait difficile à remonter. D'autant plus que le député sortant est Jean-Noël Tremblay, coloré ministre de la Culture de l'Union nationale, et que le candidat du Parti québécois, Marc-André Bédard, jouit déjà d'une grande popularité à Chicoutimi. Une véritable lutte à trois donc.

En permettant au candidat libéral de mener malgré tout une honorable campagne, Lucien Bouchard favorise indirectement la réélection de Jean-Noël Tremblay. Et la défaite de Marc-André Bédard. Cela ne semble pas le déranger beaucoup. Le soir du 29 avril 1970, dans son salon, en compagnie de quelques gros bonnets de l'organisation libérale de la région, il se console vite de la défaite de son propre candidat et célèbre de bon cœur l'élection de Robert Bourassa et de ses 71 députés à l'Assemblée nationale. Il est même un peu mécontent que son épouse et une de ses amies gâchent son plaisir et celui de ses invités en éclatant en sanglots à la nouvelle de la défaite de René Lévesque et de Jacques Parizeau dans leur propre comté.

Les remords ne vont pas tarder.

Cinq mois plus tard, éclate en effet la Crise d'octobre. Elle le touche de près. Marc-André Bédard, avec lequel il est lié d'amitié, se retrouve sur la liste des « suspects » que la Sûreté du Québec projette d'arrêter, sans mandat comme la Loi sur les mesures de guerre lui permettait de le faire. Bédard dut se cacher pendant quelques jours.

« Octobre 1970, j'ai trouvé ça affreux », dit Bouchard.

Deux ans après avoir salué avec enthousiasme l'arrivée de Pierre Trudeau à Ottawa, Lucien Bouchard réalise, comme il me le confie quelques années plus tard, « qu'on avait fait une erreur de l'envoyer là ». Mais quelle erreur ?

« J'ai réalisé que Trudeau n'était pas à Ottawa pour assurer l'épanouissement du Québec. Il était là pour nous fourrer. Et ce qui me déçut le plus, ce fut son attitude arrogante, extrêmement méprisante pour nous autres. »

Voilà donc le malentendu que Lucien Bouchard a partagé avec bien d'autres Québécois. Quand Trudeau disait, la voix assurée, le regard conquérant, les pouces dans la ceinture ou le majeur menaçant selon les circonstances : « On va y aller, nous autres, à Ottawa », il parlait des Canadiens français. Bouchard, lui, avait compris : « Nous autres, les Québécois ».

Dans ses mémoires, Lucien Bouchard glisse délicatement sur sa « période libérale ». Pourtant, elle lui laisse encore aujourd'hui un souvenir amer. Un soir de 1990 que nous étions seuls dans une chambre d'hôtel à Chicoutimi, il me donna la version révisée de cette campagne électorale de 1970 et de ses suites...

« Il y avait la montée indépendantiste, me dit-il. Je détestais le candidat sortant, Jean-Noël Tremblay, parce qu'il avait dit que les péquistes avaient du sang sur les mains. Mais on a fait perdre Marc-André évidemment... J'avais honte ! »

Finalement, Marc-André Bédard ne lui en a jamais voulu. « Lucien, faut que tu viennes nous rejoindre », ne cessait-il de lui murmurer à l'oreille au *Georges Steak House*, le restaurant de la rue Racine où tous les avocats de Chicoutimi se retrouvaient quotidiennement à l'heure du déjeuner.

« Il savait que cela éveillait des échos en moi », reconnaît Bouchard.

De fait, en 1972, à l'occasion d'une visite de Jacques Parizeau dans la région, Lucien Bouchard signe solennellement sa demande d'adhésion au Parti québécois en sa présence. « Pour moi, Parizeau était une sorte de grand-prêtre de la souveraineté. C'était donc une signature revêtue d'une onction spéciale. »

Mais plusiques ont pensé que ce n'était pas une onction que Lucien Bouchard méritait. C'était plutôt d'une absolution qu'il avait besoin...

CHAPITRE 4

« LE JEUNE AVOCAT DE CHICOUTIMI »

Lucien Bouchard n'a aucune raison de se plaindre, au début de l'été 1964, quand on lui offre son premier emploi d'avocat. « J'étais endetté et je voulais faire de l'argent », dit-il. Il entrait, à 25 ans, dans le cercle des notables de Chicoutimi, cette « grande ville » qui, de Jonquière et de la cabine du camion de son père, lui apparaissait autrefois comme une grande métropole.

Il enviait tout de même un peu ses camarades qui, comme Brian Mulroney, s'en allaient pratiquer le droit dans les grands bureaux de Montréal. « Il me faisait penser à Rastignac débarquant à Paris ! »

Bouchard s'était certes jeté dans ses études avec une grande application. Il était le plus brillant de la famille. Sa mère et l'évêque de Chicoutimi avaient caressé pour lui les plus grands projets. Mais, sans doute trop timide pour dire ce qu'il voulait lui-même et aussi parce qu'il était l'aîné, il avait accepté qu'on l'envoie à l'université la plus proche et s'était engagé dans le plus court chemin vers une carrière profitable.

Mais apprendre par cœur, pour les examens du barreau, les articles du *Code civil* et les manuels de procédure n'avait rien de bien excitant. Revenu à Chicoutimi, il pensait avec nostalgie à ses frères qui poursuivaient leurs études en France. Pour lui, le doctorat d'une université européenne, c'était l'ultime réussite. D'ailleurs, quand la thèse de doctorat de son frère, Gérard, fut publiée à Paris quelques années plus tard, Lucien Bouchard trouva l'événement tellement important qu'il tint à payer lui-même le billet d'avion pour que Gérard assiste au lancement de son livre.

Car ce qui a toujours tenté Bouchard, et il en tâta un peu pendant ses années d'université, c'est l'écriture. Ce sport solitaire, seul devant le carnet à lignes, le stylo à la main — il ne s'est jamais mis au clavier d'ordinateur pour les textes importants —, convient bien à son tempérament renfermé. Un jour, il m'a avoué avoir voulu écrire une fresque historique sur la colonisation du Saguenay–Lac-Saint-Jean, « pour raconter ce long combat de nos ancêtres, à s'esquinter sur des terres de roches, et témoigner de toute cette longue souffrance qui n'a jamais été rapportée, même pas dans les livres d'histoire ». Plus tard ambassadeur à Paris, entre 1985 et 1988, il a vaguement songé à l'intrigue d'un premier roman.

« Maître Lucien Bouchard » : c'était mieux ainsi après tout. Le Québec a peut-être perdu une fine plume mais les prétoires ont gagné à coup sûr un grand plaideur.

Le hasard avait mis, dans sa classe de la faculté de droit, un Paul Fradette dont le père, Roland, était une sorte de légende du barreau dans la région. Lucien Bouchard en parle encore avec admiration. L'histoire de Roland Fradette lui rappelait un peu la sienne : d'origine modeste, bûcheron à 15 ans, il avait été blessé au chantier. Le curé de la paroisse l'avait initié au latin et au grec, puis lui avait payé ses études au Séminaire. « Un génie, qui fit son droit en 3 ans, dit Bouchard. Installé à Chicoutimi, il avait crevé de faim pendant la crise des années trente. Puis il avait monté un excellent bureau et plaidé devant les cours d'appel et la Cour suprême du Canada. » Un modèle pour un jeune avocat plein d'ambition !

« J'aime la plaidoirie », m'expliqua un jour Lucien Bouchard. « La performance de l'avocat ne change rien à la vérité, ni sans doute à la décision des juges, mais elle permet d'exposer les bons côtés d'une cause. »

Pour le débutant qu'il est en 1964, il n'y a pas de grandes causes, et elles n'ont pas que de bons côtés. On lui confie des poursuites en dommages résultant d'accidents d'automobile ou le recouvrement des créances des hôpitaux et des médecins de la région. Un travail de clerc, qui lui laissa bien mauvaise conscience...

Il n'y avait pas encore d'assurance-hospitalisation et il arrivait qu'un père de famille pas ne puisse payer l'hospitalisation de sa femme ou de ses enfants malades. De tels cas étaient si nombreux que, dans les régions, les bureaux d'avocats payaient leurs frais généraux avec les comptes à recevoir des hôpitaux.

« On pouvait presque tout saisir, se souvient Bouchard. De pauvres gens, à qui on avait saisi le salaire, qui étaient à bout, me suppliaient de leur donner un sursis en leur obtenant une mainlevée. J'ai vécu ça souvent et je pensais à mon père : la peur de voir sa femme tomber malade parce qu'on n'a pas le sou pour payer le médecin et l'hôpital, c'était mon monde ça ! »

En 1966, bien établi dans sa profession et commençant à faire un peu d'argent, il se marie à Jocelyne Côté. « Enfin ! », disent ses amis qui le voyaient fréquenter la même jeune fille d'Alma depuis trois ans et le trouvaient décidément peu pressé ! Il avoue lui-même qu'il n'était vraiment pas « sorteux ». Il se réfugiait dans la lecture de ces livres qu'il aurait sans doute aimé écrire lui-même. Il dévorera ainsi des collections complètes de Chateaubriand, de Michelet, de Saint-Simon, de Proust, dans les riches éditions de La Pléiade dont les dizaines de volumes couvriront les murs de ses bureaux d'ambassadeur à Paris, de ministre à Ottawa, et de premier ministre à Québec. C'était aussi un grand amateur de peintures. « Il dépensait beaucoup d'argent sur les livres et les tableaux », se souvient son comptable.

« Mᵉ Bouchard » gagne rapidement du galon : remarqué par les juges, il est embauché par ces derniers à l'occasion pour défendre leur cause, lorsqu'ils ont des démêlés avec leur propre justice ! Une année, il mène de front trois gros dossiers : les chanoinesses hospitalières de Chicoutimi lui confient la vente de leur hôpital au ministère des Affaires sociales, l'évêché la cession du Séminaire au ministère de l'Éducation, et les petites franciscaines de Marie la location de leur orphelinat à l'Université du Québec. L'État du Québec nationalise à tour de bras, et Lucien Bouchard fait dans le courtage des biens du patrimoine religieux de la province !

Il est tellement occupé dans son bureau de Chicoutimi qu'il n'a même pas encore eu le temps de visiter sa province. C'est un juge devant lequel il avait plaidé des causes d'arbitrage, Jean-Charles Simard, qui lui en donne enfin l'occasion. L'État ne se contentait pas d'acheter de vieilles pierres, il embauchait dans ses hôpitaux les religieuses qui soignaient les malades, et dans ses écoles les frères et les prêtres qui éduquaient les enfants. Il fallait intégrer, dans de complexes conventions collectives, ces « bénévoles » de la santé et de l'enseignement au cadre de travail des laïcs, solidement syndiqués et fort jaloux de leurs prérogatives autant que de leur ancienneté.

Le Gouvernement et les centrales syndicales n'arrivaient pas à s'entendre sur le choix d'un président pour le tribunal d'arbitrage qui allait intégrer, dans un seul régime provincial, toutes les conventions collectives du secteur de l'Éducation. « C'est alors que le juge Simard a recommandé " le jeune avocat de Chicoutimi " que j'étais pour lui, raconte Bouchard. Comme personne ne me connaissait, je fis l'affaire de tout le monde ! »

Parcourant la province pendant plusieurs années, Lucien Bouchard élargit le réseau des relations qui allaient jalonner sa carrière : Robert Cliche, qu'il avait connu comme professeur à l'Université Laval et qui, à titre de président, l'accueillerait en 1974 comme procureur de la Commission d'enquête sur l'exercice de la liberté syndicale dans l'industrie de la construction au Québec ; Jean-Roch Boivin, futur chef de cabinet de René Lévesque, qui allait lui confier, en 1978, le rôle de négociateur en chef de l'État auprès des employés de la Fonction publique ; Stanley Hartt, futur chef de cabinet du premier ministre du Canada en 1989.

Pourtant bien lancée, la carrière de Lucien Bouchard faillit s'arrêter là...

Robert Bourassa avait prématurément déclenché des élections le 25 septembre 1973. « Revêtu de l'onction spéciale du grand-prêtre de la souveraineté », Bouchard n'allait tout de même pas travailler pour les libéraux. Il prend trois semaines de congé pour écrire les discours de Marc-André Bédard. On le voit même à la télévision locale défendre fièrement les couleurs du Parti québécois. Trois ans après la Crise d'octobre, les péquistes n'avaient pas bonne presse : ce fut tout un choc dans son bureau, dont les associés étaient recrutés en nombre égal et avec un souci scrupuleux dans les rangs de l'Union nationale et du Parti libéral !

« Moi qui m'étais toujours comporté comme le fils de mon père, j'ai rompu avec ces milieux bourgeois dont je ne m'étais jamais senti membre », me racontait-il quelques années plus tard.

Au moins Bouchard eut-il la consolation d'avoir contribué, enfin, à l'élection de Marc-André Bédard. Le Parti québécois, malgré la maigre récolte de 6 sièges, formait maintenant l'opposition officielle. On aurait pu croire que les associés de Bouchard, politiquement prudents, se fussent félicités de compter parmi les leurs un péquiste. Mais on avait beau être nationaliste dans la région, on n'était pas séparatiste. Pas encore !

Et les libéraux, qui avaient raflé 102 des 110 sièges de l'Assemblée nationale, avaient fait campagne sur le thème de « Bourassa construit ». D'innombrables contrats s'en venaient donc et il valait mieux être du bon bord, comme on dit !

Quand ses associés ont voulu renégocier son contrat et lui interdire de faire de la politique, Lucien Bouchard a refusé. Le 3 janvier 1974 — il s'en souvient avec précision ! — il ouvrait son propre bureau, Lucien Bouchard Inc.

« Seul et sans client, en 1974, je n'en menais pas large ! » se rappelle-t-il encore.

Il « cuisait dans son jus » comme il dit et Brian Mulroney le savait qui connaissait trop bien la hargne des libéraux pour leurs anciens adversaires politiques. Le « bingo de la Baie-James », comme on appela l'événement, allait permettre encore une fois à Lucien Bouchard de sortir de son trou et de sa misère de petit avocat de province.

Avec toutes ces autoroutes que l'on construisait à Québec et à Montréal, et le mégaprojet de la Baie-James lancé en 1971, « Bourassa construit » effectivement un peu partout. Les entreprises faisaient beaucoup d'argent et les syndicats, responsables du placement, encore plus. La rivalité entre la CSN et la FTQ pour obtenir le monopole de la représentation syndicale sur le chantier du siècle était féroce. Le patron de la FTQ-Construction, André Desjardins, n'hésitait pas à l'occasion à recourir à des méthodes de *maffioso* pour influencer le cours normal de la démocratie syndicale. Quand, le 21 mars 1974, un des « gars de Dédé Desjardins », Yvon Duhamel, disant protester contre les conditions de vie sur le chantier de la Baie-James, lança son *Caterpilar* D-9 sur une génératrice géante, défonçant au passage quelques baraques où logeaient les ouvriers, on se rendit bien compte, comme dit Robert Bourassa, que « le secteur de la construction était vulnérable à diverses influences peu rassurantes ». Une Commission d'enquête ferait donc un bon couvercle pour cette marmite dangereusement sous pression !

Le chef du gouvernement avait pris soin de nommer des irréprochables à la tête de sa Commission : le néo-démocrate Robert Cliche, le conservateur Brian Mulroney, le péquiste Guy Chevrette. Un juge, un avocat des patrons, et un vice-président de syndicat.

Le premier ministre aurait dû également se préoccuper du choix du procureur car celui-ci, se prenant pour Elliott Ness, allait faire tomber des têtes jusque dans son bureau. C'est finalement Mulroney qui se charge de recruter cet incorruptible :

— Eh ! mon Lucien ! Je suis avec Guy Chevrette et Robert Cliche. Imagine-toi que Bourassa veut nous nommer commissaires ! On va accepter mais on veut que toi tu sois notre procureur...

Bouchard n'avait pas eu besoin que Brian Mulroney se présente : il avait reconnu la voix grave et le gros rire de son ancien camarade d'université.

Au début des travaux de la Commission, Bouchard n'était pas procureur en chef. Robert Cliche avait plutôt choisi un Beauceron comme lui, Jean dit *Bulldog* Dutil, au langage tellement viril que cela finira par lui coûter son fauteuil de juge. Procureur associé, Lucien Bouchard impressionna néanmoins tous les collègues par sa faculté d'assimiler les épais dossiers que lui remettait la Sûreté du Québec. À partir de l'automne de 1974, Bouchard devenu procureur en chef, la Commission devint un véritable cirque médiatique.

« Ah ! ce Lucien, ce qu'il peut être théâtral ! se souvient Guy Chevrette. Il s'enflamme tellement qu'il est capable de se convaincre lui-même. »

Bouchard a le beau rôle. C'est lui qui débusque les gredins et joue les héros. Il s'emporte même, songeant à faire comparaître le premier ministre de la province, tant le trafic d'influence remontait jusqu'à son propre bureau. Son ministre de la Justice, Jérôme Choquette, son organisateur en chef et chef de cabinet, Paul Desrochers, le trésorier de sa campagne à la direction du parti et grand dispensateur des contrats de construction, Claude Rouleau, avaient tous paradé devant les trois commissaires. « Pourquoi pas le chef du gouvernement lui-même ? » se demandait le bouillant procureur. Mulroney s'y opposa, par respect pour l'institution que représente un premier ministre, et sans doute aussi par calcul politique.

« On me voyait tous les soirs à la télévision », se souvient Lucien Bouchard, un peu cabotin. En fait, le seul qui profitera de la notoriété que cette Commission procura à tous ceux qui y furent associés fut Brian Mulroney lui-même, parce qu'il était aussi le seul à l'époque à en avoir l'ambition.

« Si on refait une autre commission, on va choisir nos journalistes ! » disait Robert Cliche à la blague. C'est plutôt Brian Mulroney qui se chargeait de cultiver la soixantaine dé journalistes et de les arroser à l'occasion au bar du *Reine-Élisabeth* ou du *Ritz*. Lucien Bouchard, pendant ce temps-là, passait ses nuits à rédiger le rapport de la Commission.

Sa plume s'emballa un peu et on l'accusa longtemps d'avoir participé à une entreprise de démolition du mouvement syndical. Louis Laberge, en particulier, le battit froid. « Il savait ou ne savait pas, écrivait Bouchard à son sujet. Dans le premier cas, s'il ne détenait pas le pouvoir direct de destituer Desjardins et ses affidés, n'avait-il pas le devoir de dénoncer leurs comportements indignes ? Dans le deuxième cas, il faut s'inquiéter d'un tel aveuglement et d'une telle méconnaissance des hommes. » Voilà en effet un anathème cinglant pour le populaire Ti-Louis !

Bien que Lucien Bouchard ait gagné beaucoup d'argent et se soit fait remarquer en se mesurant aux plus grands avocats criminalistes de Montréal — la FTQ-Construction avait tout de même les moyens ! — il ne pensait qu'à retourner à son petit bureau de Chicoutimi dont sa femme assurait le secrétariat.

Il se politisait de plus en plus. « Je l'ai vu, dans le salon de Robert Cliche et de Madeleine Ferron, avec Brian Mulroney et le juge Dutil, se lancer dans de grandes envolées sur la souveraineté et prédire comment René Lévesque allait prendre le pouvoir aux prochaines élections », raconte Guy Chevrette. Choisirait-il Brian Mulroney ou René Lévesque ? Ottawa ou Québec ? C'est le hasard qui sollicita Lucien Bouchard, plus que ses convictions politiques qui l'amenèrent à choisir son camp.

Il avait beau avoir une carte de membre du Parti québécois en poche, il « n'avait pas le profil traditionnel du vrai péquiste », avoue-t-il. « J'avais des liens de jeunesse et d'amitié avec plusieurs anglophones. Je gravitais aussi dans le monde du barreau. »

Le 13 novembre 1975, l'ami Brian Mulroney annonce, à l'hôtel *Reine-Élisabeth* de Montréal, sa candidature à la direction du Parti progressiste-conservateur du Canada. « Je pars de la prémisse d'un Canada indivisible, lança-t-il. Et ça veut dire exactement la même chose en anglais comme en français ! » Lucien Bouchard n'a jamais dit s'il avait écrit ce discours-là. Car il en écrit beaucoup durant cette campagne et le fait que Brian Mulroney s'était fermement installé dans le camp des adversaires de la théorie des deux nations ne semblait pas déranger son copain.

En décembre 1975, Bouchard écrivit un important discours pour Mulroney. Il n'eut pas autant de retentissement que le fameux « discours de Sept-Îles », en 1984, dans lequel Brian Mulroney promettait de réconcilier le Québec avec le reste du Canada, dans l'honneur et l'enthousiasme. Mais il puisait aux thèmes chers à Bouchard : le pays bâti par des pionniers, « un grand pays aussi, où le fils d'un électricien peut prétendre aux plus hautes fonctions de l'État ». Car chez Bouchard, le sens de l'histoire commence dans la famille.

Une semaine avant le congrès de février 1976 à Ottawa, convoqué pour désigner un nouveau chef du

Parti progressiste-conservateur du Canada, l'avocat de Chicoutimi est assez important dans l'organisation de Brian Mulroney pour passer plusieurs jours à Memphrémagog, dans la résidence secondaire de David Angus, grand bailleur de fonds des conservateurs. Il écrit les passages en français du discours que Mulroney doit prononcer, au Centre civique d'Ottawa, la veille du vote des délégués. Bouchard prétend que ce n'est pas son texte que le candidat a prononcé. D'autres disent que si mais que, trop littéraire, il sonnait un peu faux dans la bouche du « petit gars de Baie-Comeau ». Toujours est-il que Brian Mulroney a perdu au troisième tour, loin derrière un autre Québécois, Claude Wagner. C'est Joe Clark, l'homme de l'ouverture au Québec, qui gagna et devint chef de l'opposition officielle à la Chambre des communes...

Encore une fois revenu dans ses terres, Lucien Bouchard se remet à la politique provinciale. Sa ferveur nationaliste est soudain ravivée par Pierre Trudeau qui traite Robert Bourassa, le 3 mars 1976 à Québec, de « mangeur de hot dogs ».

Après avoir milité dans le parti de John Diefenbaker, Lucien Bouchard allait-il faire le saut avec René Lévesque ? Ce ne serait pas son premier aller-retour entre Ottawa et Québec. Ni son dernier !

Il résistait encore à l'offre de Marc-André Bédard de se présenter, comme candidat du Parti québécois, dans la circonscription électorale de Jonquière, celle-là même qu'il représentera finalement, mais comme premier ministre cette fois, à partir de février 1996.

L'enthousiasme de Bouchard pour René Lévesque finit tout de même par parvenir aux oreilles de l'intéressé, qui l'invite, au cours de l'été 1976, en même temps que Guy Chevrette, son collègue à la Commission Cliche, au restaurant *Sambo*, dans l'est de la métropole. Le président du PQ tentait alors de recruter des candidats de prestige en vue des élections générales qui s'en venaient pour l'automne : Robert Cliche, juge en chef de la Cour d'appel, et Alfred Rouleau, président du Mouvement Desjardins, avaient déjà été sollicités.

Chevrette se souvient que René Lévesque était un peu distrait par le défilé de mode qui se déroulait dans le restaurant. Celui qui allait être premier ministre du Québec quelques semaines plus tard insistait pourtant : « J'ai besoin de vous, monsieur Bouchard. » Ce n'était donc plus seulement « l'onction du grand-prêtre de la souveraineté » qu'on lui accordait, mais une sorte de bénédiction papale !

Lucien Bouchard n'était pas encore prêt : « Il faisait une piastre à ce moment-là », dit Chevrette. Il refusa donc et ses explications, quelques années plus tard, en disent long sur l'opinion qu'il se faisait de la chose publique et de ses compatriotes...

« J'ai eu beaucoup de remords de ne pas m'être présenté en 1976, me confia-t-il. Au fond, c'est parce que je n'ai pas osé : j'avais peur de la politique et je doutais de mes capacités. Je voyais la politique comme un moyen puissant de réaliser de grandes choses, mais je ne me sentais pas capable d'être à la hauteur. Je crois que je n'étais pas très courageux. Quand j'y pense, cela révèle probablement quelque chose sur mon attitude face à la vie politique. Je n'étais pas content, ni très fier, de ma décision. Et j'étais mal à l'aise vis-à-vis de mes amis qui se présentaient tous... »

L'un de ceux-là justement, Denis de Belleval, avance une autre explication. « Lucien partageait le scepticisme dont De Gaulle faisait preuve à l'égard d'un peuple " qui n'a pas suffisamment de ressort pour prendre des décisions un petit peu dramatiques ". »

Quelle erreur d'appréciation alors ! Le 15 novembre 1976 en effet, René Lévesque a, quant à lui, bien des raisons d'être fier des Québécois : « On est peut-être quelque chose comme un grand peuple ! » leur lance-t-il du Centre Paul-Sauvé.

Pendant la campagne électorale, Lucien Bouchard fit tout de même le tour des couvents des communautés religieuses qu'il avait représentées dans leurs transactions immobilières avec l'État. Il rédigea aussi beaucoup de discours, plus éloquents que ceux qu'il avait composés pour Brian Mulroney quelques mois plus tôt doit-on supposer, puisque Marc-André Bédard a gagné, et avec lui 69 autres députés du Parti québécois. Bédard devient ministre de la Justice. Cela tombe bien pour son rédacteur de discours, avocat de profession. Car contrairement à son habitude lorsqu'il travaillait pour les candidats de Pierre Trudeau, Lucien Bouchard accepte maintenant les mandats. Et ils ne vont pas manquer...

Lévesque propose tout naturellement à cet expert en relations de travail le poste de sous-ministre du Travail. Malgré son refus, le premier ministre revient à la charge quelques semaines plus tard : Bouchard sera membre, avec Yves Martin, de la Commission d'étude et de consultation dans les secteurs public et parapublic, chargée d'étudier la réforme du régime des relations de travail entre l'État et ses employés. Le rapport Martin-Bouchard, remis au Gouvernement en février 1978, est d'un conservatisme navrant pour René Lévesque qui espérait peut-être secrètement qu'il recommande l'abolition du droit de grève dans certains services publics.

Quelques mois plus tard, Lucien Bouchard sera pris à son propre piège. « Tu t'es permis de nous dire comment faire. Tu seras le premier à savoir si tu avais raison !» lui dit le chef de cabinet du premier ministre, Jean-Roch Boivin, en lui proposant le poste de négociateur en chef de l'État du Québec avec ses employés. C'est là que Lucien Bouchard s'est imposé, de façon inconsciente sans doute, comme le successeur de René Lévesque.

«Lévesque m'a répété dix fois plutôt qu'une : Regarde ce Lucien Bouchard, il fera de la politique, au plus haut niveau et pas pour être le second», confirme Bernard Landry, futur vice-premier ministre de Jacques Parizeau et de Bouchard lui-même.

C'est à cette occasion que tous les ministres influents du Gouvernement — Parizeau en premier lieu, et Camille Laurin, Bernard Landry, Pierre Marois — apprennent à le connaître tellement intimement que personne ne se surprendra, 20 ans plus tard, qu'ils l'appellent tous Lucien et le tutoient, en public comme en privé. Et bien des jeunes employés, devenus sous-ministres ou présidents de sociétés d'État, constitueront le noyau des cadres de son premier gouvernement.

«J'ai travaillé avec tous les ministères à Québec, m'expliqua-t-il après être devenu premier ministre, et j'ai connu une vingtaine de jeunes loups, des gars de 25 ou 30 ans qui avaient de l'allure, forts sur les chiffres, brillants et bourrés d'imagination. J'ai repris contact avec eux et j'en ai fait le noyau de mon Secrétariat des priorités. Grâce à eux, la machine marche maintenant.»

En 1979, c'est-à-dire à quelques mois du premier référendum sur la souveraineté, la fonction de négociateur en chef de l'État du Québec est assez délicate. «Les syndicats s'étaient lancés sans vergogne dans un chantage préréférendaire », raconte Lévesque dans son livre, *Attendez que je me rappelle*... Pris entre un Jacques Parizeau accroché aux cordons de la bourse et un premier ministre prêt à acheter un vote historique, Bouchard passe de très mauvaises semaines. Il finit par négocier des augmentations à peu près alignées sur l'augmentation des prix à la consommation et arrache un régime bonifié de congés de maternité.

Le gouvernement du Québec peut maintenant s'engager dans la campagne référendaire et les grandes manœuvres constitutionnelles qui suivront. Lucien Bouchard sait déjà qu'il en sera « l'avocat-plaideur ». « Ils m'ont lancé », reconnaît-il aujourd'hui.

En 1980, Lucien Bouchard est donc un professionnel très coté à Québec. Pourtant, avant la fin de la décennie, il fera un autre aller-retour à Ottawa. De Lévesque à Mulroney encore une fois...

« Lucien ne se promène pas entre deux partis mais entre deux amitiés », observe Marc-André Bédard...

CHAPITRE 5

DE QUÉBEC À OTTAWA...
EN PASSANT PAR PARIS !

« Bienvenue aux années quatre-vingt », avait dit Pierre Trudeau dans la salle de bal du *Château Laurier* à Ottawa, le soir du 18 février, après avoir repris le pouvoir des mains de Joe Clark. Pour Lucien Bouchard, trois années de grande noirceur allaient commencer. Le chapitre de son autobiographie qu'il consacre à cette période s'intitule d'ailleurs : « Échec sur tous les fronts ». Cela prend même des allures de débâcle !

L'année a pourtant bien commencé. La paix négociée avec le Front commun des syndicats de la Fonction publique tient bon. C'est le calme plat sur le front des relations de travail. Et à Québec, les débats sur la question référendaire occupent tout le temps du Gouvernement et de l'Assemblée nationale.

« Je ne me mêlais pas de ça car je ne souhaitais pas jouer le rôle d'une éminence grise », explique Bouchard.

Dans sa région, sa participation à la campagne référendaire elle-même n'a pas laissé de souvenir impérissable. Les choses se présentaient plutôt bien : au mois de mars 1980, les sondages internes du Parti québécois donnaient, pour la première fois, une légère avance au oui, et même une confortable majorité de 55 % parmi les électeurs francophones.

Sans doute emporté par l'enthousiasme de ses compatriotes — la circonscription de Chicoutimi va donner au oui sa deuxième plus grosse majorité (58,51 %) après celle du Saguenay (61,9 %) —, Lucien Bouchard croit, jusqu'au soir du 20 mai, à la victoire de l'option souverainiste.

« Le résultat m'est tombé dessus comme une sorte d'ostracisme, se souvient-il. C'était la fin de mes flirts ridicules avec la politique : rentre, rentre pas... Il fallait maintenant tourner la page. J'étais blessé. À 42 ans, quand on commence normalement à vivre, je pensais que j'étais fini.» Pas encore...

Dès le lendemain du référendum, le ministre fédéral de la Justice, Jean Chrétien, entreprend une tournée des capitales provinciales. Pierre Trudeau envisage sérieusement, comme en 1976, le rapatriement unilatéral de la Constitution avec l'appui d'une ou deux provinces seulement. René Lévesque est tellement désespéré qu'il fait appel à cette Cour suprême dont il disait pourtant, comme Maurice Duplessis, qu'à l'instar de la tour de Pise, elle penche toujours du même côté.

Le Québec, de même que le Manitoba et Terre-Neuve, demandent à leurs cours d'appel de se prononcer sur la légalité d'une nouvelle Constitution — comprenant notamment une Charte des droits et libertés et une nouvelle formule d'amendement — qui pourrait être adoptée, sans leur consentement, par le parlement fédéral et entérinée ensuite par le parlement britannique.

À court d'arguments politiques, le gouvernement du Québec se lance dans une guérilla juridique. Et une fois de plus, il fait appel à l'avocat-plaideur de Chicoutimi, qui se retrouve, péquiste de service, dans une équipe de juristes d'obédience fédéraliste dirigée par un de ses professeurs de l'Université Laval, Yves Pratte, lui-même ancien juge de la Cour suprême.

En septembre 1980, cette Cour suprême rend un jugement à la Salomon : Pierre Trudeau peut « légalement » aller de l'avant avec son projet de réforme constitutionnelle, mais la tradition voudrait qu'il jouisse de l'appui « d'un certain nombre de provinces ». Elle esquive en particulier une question importante que lui avait posée l'équipe d'avocats dont Lucien Bouchard faisait partie : De quel degré de consentement des provinces au juste le gouvernement fédéral a-t-il besoin pour jouir d'une « légitimité » suffisante : une majorité simple de provinces, ou une majorité « régionale », avec droit de *veto* pour certaines d'entre elles, comme le Québec ?

« Avec un tel jugement, je voyais très bien les difficultés juridiques auxquelles on ferait face, avoue Lucien Bouchard. Je savais que Trudeau pouvait aller de l'avant avec son projet. En fait, la Cour suprême a pratiquement ouvert les portes en disant : " Allez chercher d'autres appuis que ceux de l'Ontario et du Nouveau-Brunswick que vous avez actuellement, et vous n'êtes pas obligés d'avoir le Québec avec vous ". »

Bouchard admet ainsi qu'il plaidait une cause perdue d'avance. Comme il le dit si bien : « La performance de l'avocat ne change rien à la vérité, ni sans doute à la décision des juges, mais elle permet d'exposer les bons côtés d'une cause.» On parlera toujours des bons et des mauvais côtés de cette cause, 14 années plus tard, pendant et après la deuxième campagne référendaire de l'automne 1995 ! Bouchard en débattra même encore avec Trudeau !

Le gouvernement du Québec tente donc de réunir un front commun des provinces assez large pour forcer Pierre Trudeau à négocier. En avril 1981, juste après sa réélection comme premier ministre, René Lévesque signe un accord avec sept de ses collègues des provinces anglophones du Canada. On les surnommera immédiatement « la bande des huit ».

« Ce fut le premier " beau risque " de Lévesque, m'a raconté Lucien Bouchard. En signant, il s'était engagé à négocier un renouvellement du fédéralisme. Il s'était avancé très loin mais il pensait que c'était le prix à payer pour son échec au référendum de 1980. Marc-André Bédard était ministre de la Justice à ce moment-là et il m'en parlait souvent. Il me disait : " On est tous torturés, déchirés. On sait qu'en s'avançant jusque-là on se condamne à signer. " Ils savaient tous très bien où ils s'en allaient... »

Comme l'avait prévu Bouchard, le premier ministre du Canada finit par briser le front commun créé par René Lévesque et négocie avec ses collègues des provinces anglophones en novembre 1981. Dans la nuit du 4 au 5, il conclut un accord avec neuf d'entre elles. Seul le Québec fait bande à part.

Dans ses mémoires, Lucien Bouchard analyse l'événement avec une honnêteté qui l'honore, mais avec une objectivité qui pourrait bien se retourner contre le premier ministre qu'il est devenu en 1996. Après l'échec référendaire, écrit-il en effet, le gouvernement du Parti québécois « n'était pas à l'aise dans ce rôle contre nature qu'on lui demandait maintenant de tenir dans le " renouvellement " du fédéralisme canadien. Il devait ainsi se garder de deux dangers, aussi périlleux l'un que l'autre : réussir ou échouer. Le premier en faisait un parti résolument fédéraliste, le deuxième un négociateur de mauvaise foi... »

Pierre Trudeau, Jean Chrétien et leurs collègues des provinces anglophones justifièrent, à partir d'une analyse absolument identique, l'isolement du Québec en novembre 1981. Comment négocier de bonne foi avec les partenaires canadiens quand le premier paragraphe du programme du Parti québécois affirme que « son objectif fondamental est de réaliser démocratiquement la souveraineté du Québec » ? Lucien Bouchard cherche encore une réponse à cette question...

L'accord du 5 novembre 1981 prévoit le rapatriement de la Constitution au Canada, l'adoption d'une nouvelle formule d'amendement et d'une Charte des droits et libertés. Il y a dans ce *Canada Bill* proclamé par la Reine en avril 1982 la source des crises qui marqueront la carrière de Lucien Bouchard.

Pierre Trudeau gagne sur toute la ligne et réalise un rêve vieux de 15 ans. Les droits des minorités de langues officielles sont enchâssés dans le béton de la Constitution, à l'abri de la clause dérogatoire. La minorité anglophone du Québec, mieux pourvue en avocats, ne se gênera pas pour se prévaloir de cette Constitution et obliger le gouvernement du Québec à réviser sa politique linguistique. Quant aux minorités francophones de l'extérieur du Québec, leurs gouvernements ne font pas preuve des mêmes scrupules. Il faudra que le secrétaire d'État fédéral, un certain Lucien Bouchard, s'en mêle quelques années plus tard !

Quant à la formule d'amendement, la règle de l'unanimité qu'elle impose pour tout amendement constitutionnel important signera l'arrêt de mort de l'Accord du lac Meech. En 1981, Lucien Bouchard a donc perdu et il le sait. « J'étais furieux et même un peu humilié. Et l'humiliation, c'est un ressort qui joue souvent chez moi. »

□

Il n'aura pas le loisir de se complaire longtemps dans la morosité. Le gouvernement de René Lévesque est réélu, le 13 avril 1981. Une terrible récession frappe tous les gouvernements mais celui du Québec en particulier doit honorer les généreuses concessions salariales négociées par Lucien Bouchard deux ans plus tôt. La dernière augmentation de salaire des employés de la Fonction publique québécoise, prévue pour le 1er juillet 1982, allait accroître le déficit de 725 millions de dollars.

Le négociateur en chef de l'État québécois fait face, une fois de plus, au front commun des trois centrales syndicales. Son mandat est de leur expliquer que la caisse du Gouvernement est à sec et qu'il faut revenir sur les promesses préréférendaires. Bouchard est convaincu de pouvoir les amener à la raison d'État. En vain ! La tâche est d'autant plus impossible que le premier ministre, qui mettait sans doute en partie le résultat décevant du référendum sur le dos des centrales syndicales, n'était pas d'humeur à négocier.

« Lucien cherchait vraiment à obtenir un règlement négocié, se souvient Jean-Roch Boivin. Il a pris comme une défaite quasi personnelle le fait de finir sur un décret. »

Et quel décret ! Le Gouvernement allait verser les augmentations salariales jusqu'au 31 décembre 1982, mais les reprendrait dès la première paie de 1983, le 19 janvier, par une réduction massive des traitements de ses fonctionnaires. René Lévesque fut surnommé « le boucher de New Carlysle », comparaison peu flatteuse avec Barbie, « le boucher de Lyon », qui collaborait avec la gestapo contre les résistants français.

« Une fois de plus, c'était le repli, se rappelle Bouchard. Je retournais à Chicoutimi faire de l'argent dans mon bureau d'avocat », ajoute-t-il comme si « faire de l'argent » constituait pour lui une façon privilégiée de se distraire de ses échecs politiques.

Il en fera beaucoup ! Bâtonnier du barreau du Saguenay, membre de plusieurs comités du barreau de la province, siégeant au conseil d'administration de quelques sociétés d'État comme la Société générale de financement et la papetière Donohue inc., il a désormais atteint la notoriété de Roland Fradette. L'élève a rejoint le maître et s'apprête à le dépasser sans doute. Lui aussi a plaidé devant les cours d'appel et la Cour suprême. On le retrouve même en pantalon de cérémonie, comme l'exige le protocole de toute ancienne colonie britannique qui se respecte, devant la Cour suprême de Terre-Neuve. Il défend Hydro-Québec dans le différend qui l'oppose au gouvernement de cette province au sujet du contrat d'exploitation des réserves hydroélectriques de la rivière Churchill, à la frontière du Labrador.

La garde-robe d'un avocat de Chicoutimi ne comprend pas d'habits de cérémonie. Lucien Bouchard a donc loué le pantalon et la facture, d'une vingtaine de dollars, se retrouve dans les mains d'un journaliste. « La culotte à Bouchard » ! Le voilà comparé à Vautrin, ce ministre libéral dont Maurice Duplessis avait fait sa tête de turc.

Bouchard est devenu la cible de certains journalistes qui fouillent dans ses plantureux contrats d'avocat et les trouvent effectivement pas mal généreux. Blessé, il va agir gratuitement, pendant trois mois, comme conseiller du Gouvernement sur le « réaménagement » des conventions collectives qu'il avait négociées en 1979, et dénoncées avant leur échéance en 1982.

Son comptable de l'époque, Paul-Gaston Tremblay, révèle un trait de caractère de son client qui porte à penser que Lucien Bouchard a tendance à se sous-estimer. Quand il avait créé son propre bureau en 1974, « n'en menant pas large » comme il disait alors, il avait prudemment loué un petit local où il travaillait seul, avec sa femme qui assurait le secrétariat. Mais avec le temps, et tous ces contrats qui lui arrivaient du gouvernement du Parti québécois, le bureau avait acquis une taille respectable. Il comptait une dizaine d'associés en 1983. Mais plutôt que de louer d'un coup tout un étage de l'édifice de la rue Racine où il était maintenant installé, il s'agrandissait prudemment, pièce par pièce pour ainsi dire, ce qui lui coûtait finalement plus cher.

« Il faut vivre avec l'argent qu'on a », ne cessait-il de répéter à son comptable qui le trouvait décidément un peu trop sage.

Il n'y a pas que dans la pratique du droit que Lucien Bouchard avait tendance à se sous-estimer. Maintenant que le règne du Parti québécois achevait à Québec, que les grandes batailles constitutionnelles contre le gouvernement fédéral avaient toutes été perdues, il regrettait de n'être pas allé lui-même au front. « Après avoir fait un effort pour me déployer, mais pas suffisamment, j'avais des remords de n'avoir pas été au combat en première ligne. Je rentrais sous ma tente, pas très fier, très malheureux et révolté.»

Tout va mal pour Lucien Bouchard en ce début d'année 1983 : deux échecs d'avocat devant la Cour suprême du Canada, un échec de négociateur en chef. Et il se dirigeait maintenant vers un quatrième échec, personnel celui-là. « Ce fut une période difficile », conclut-il sans vouloir rien ajouter.

Bouchard regrettait beaucoup de ne pas avoir eu d'enfant et, ses nombreuses absences de Chicoutimi n'arrangeant rien, il avait fini par se séparer de sa femme. Pendant la Semaine sainte de 1983, il tenta de se ressaisir au couvent des capucins de Lac-Bouchette, près de Roberval. « J'ai décidé de m'installer pour de bon à Chicoutimi », annonça-t-il. Mais le sort, et Brian Mulroney, allaient en décider autrement !

Il reprit la vie commune avec Jocelyne Côté et se relança effectivement dans la pratique du droit. Mais comme en 1974, Mulroney allait venir le sortir de sa déprime. Les deux hommes avaient pris leurs distances pendant la campagne référendaire et l'affrontement entre Lévesque et Trudeau qui avait suivi. Brian Mulroney était vice-président du Conseil pour l'unité canadienne en 1977. En tant que président de l'Iron Ore du Canada, une filiale de la Hanna Mining, géant américain de l'acier, il avait aussi participé à la fondation du Mouvement Pro-Canada qui récoltait des fonds dans les grandes entreprises en prévision de la campagne référendaire. Il fit enfin campagne pour le non, mais il n'y avait pas là de quoi surprendre ni choquer Lucien Bouchard.

Par contre, quand Brian Mulroney appuya publiquement le rapatriement de la Constitution et le coup de force du gouvernement Trudeau, en novembre 1981, les deux hommes se battirent froid pendant quelque temps.

« On n'était pas sur la même longueur d'onde mais on ne voulait pas se chicaner, alors on se parlait moins, c'est tout », dit laconiquement Bouchard. Candidat défait à la direction du Parti progressiste-conservateur du Canada en 1976, Brian Mulroney avait décidé de faire une deuxième tentative. Défendant la ligne dure contre le Québec, une attitude qui plaisait aux progressistes-conservateurs de l'Ouest, il organise le renversement de Joe Clark à Winnipeg en février 1983. « Avant que je demande au Canada de donner une cenne noire à René Lévesque, disait alors celui qui allait devenir le champion de la réconciliation avec le Québec, je vais lui demander ce qu'il est prêt à faire pour le Canada ! »

Quand Brian Mulroney annonce sa candidature à la direction du Parti progressiste-conservateur, le 9 mars suivant à Montréal, Lucien Bouchard prend la peine d'envoyer un télégramme à son « ami inoubliable ». La glace est brisée, les batailles des années précédentes oubliées, l'amitié retrouvée.

Contrairement à ce qui s'était passé en 1976, Lucien Bouchard n'est cependant pas très engagé dans cette deuxième campagne de son ami de l'Unversité Laval. Il ne rédige qu'un seul discours, mais les deux hommes se parlent beaucoup au téléphone. Quand le « petit gars de Baie-Comeau » devient chef du Parti progressiste-conservateur, le 11 juin 1983 à Ottawa, la réconciliation est complète. Le 12 septembre suivant, Lucien Bouchard fait même partie des « invités spéciaux » de Brian Mulroney lorsque celui-ci fut officiellement invité à prendre son siège de député de la Nouvelle-Écosse et de chef de l'opposition à la Chambre des communes.

« Le beau risque, explique l'avocat de Chicoutimi qui a pris le virage bien avant René Lévesque, ce n'était pas le Parti progressiste-conservateur, c'était Brian Mulroney. Dans mon esprit, il n'y avait aucun risque : je me fiais à Mulroney, j'avais confiance en lui parce qu'il était du Québec et qu'il comprenait très bien la frustration et le sentiment de révolte des Québécois. C'était profond chez lui et je le savais convaincu. »

Brian Mulroney a cependant un sérieux problème : il a été élu en grande partie à cause d'un programme plutôt radical à l'égard du Québec, mais il a besoin de l'appui de sa province — au moins 25 sièges, calculait-il — pour espérer prendre le pouvoir.

Lucien Bouchard aurait pu être un des élus. Pendant plusieurs mois, Mulroney, sa femme Mila et son principal chasseur de têtes au Québec, Bernard Roy, tentent de le convaincre de se présenter. Les progressistes-conservateurs se montrent friands de Bouchard au Saguenay–Lac-Saint-Jean puisqu'ils courtisent également un directeur de cégep, Benoît Bouchard, qui finit par accepter de faire acte de candidature dans Roberval le 16 avril 1984, le jour de son anniversaire.

On comprend l'autre Bouchard, Lucien, d'avoir hésité plus longtemps. Même s'il n'avait pas été de la ligne de front des batailles de René Lévesque contre Pierre Trudeau, tout le monde savait dans la région qu'il avait été des grandes stratégies. « Imagine-toi devant une caméra de télévision, obligé d'expliquer en quoi le programme de Brian Mulroney t'autorise, toi un souverainiste depuis près de 15 ans, à porter les couleurs d'un fédéraliste ! » lui avait dit Louis Bernard, grand mandarin du régime péquiste.

Il serait donc prudent, de la part de Lucien Bouchard, de réviser un peu le programme du Parti progressiste-conservateur du Canada avant d'aller le défendre devant les électeurs du Saguenay–Lac-Saint-Jean ! C'est ce qu'il fit, au début de l'été 1984...

Le Parti progressiste-conservateur n'a jamais compté beaucoup de penseurs dans ses rangs. Encore moins de penseurs québécois. Alors qu'il était premier ministre, Joe Clark avait tout de même fait nommer au Sénat un ancien architecte de la Révolution tranquille et premier sous-ministre de l'Éducation du Québec, Arthur Tremblay. Le premier ministre avait aussi chargé Tremblay de rédiger un Livre bleu sur la réforme du fédéralisme.

Quand Bernard Roy fit venir Lucien Bouchard pour lui demander de mettre une fois de plus son talent de rédacteur au service de la campagne de Brian Mulroney, il suggéra que cela reste discret.

« Il ne voulait pas, ni moi non plus, que cela soit très connu », confirme Bouchard. L'avocat s'installe donc discrètement dans une chambre de l'hôtel *Quatre-Saisons* à Ottawa, tout près du quartier général du Parti.

Une des premières choses qu'on lui demanda fut de rédiger un programme électoral, « en français, et qui se tienne ». Il commença par les questions économiques, fort à la mode en 1984. Lucien Bouchard avait bien essayé de trouver quelques idées originales dans la liasse de papiers qu'on lui avait remis, mais il n'avait trouvé que des banalités sur la réduction du déficit, l'importance de la recherche et du développement de nouvelles technologies, le rôle des petites et moyennes entreprises. Bouchard décide donc de contacter quelques « économistes dans le vent » de Montréal.

« Brian, je n'arrive pas à trouver un seul économiste qui soit prêt à travailler pour les conservateurs ! » eut à se plaindre le rédacteur. La campagne électorale n'était pas encore commencée, John Turner venait de succéder à Pierre Trudeau à la tête du Parti libéral du Canada, et bien du monde au Québec pensait, par habitude sans doute, que les libéraux se maintiendraient au pouvoir. Comme Bouchard mais pour d'autres raisons, ils ne voulaient pas que ça soit « très connu » qu'ils travaillaient pour les progressistes-conservateurs !

« J'ai trouvé que c'était une moyenne *gang* ces économistes ! » se souvient Bouchard. Certains, qui l'avaient peut-être oublié, comprendront pourquoi ils ne furent pas appelés, en 1996, à faire partie du régime du nouveau premier ministre du Québec...

Le programme une fois rédigé, le Parti progressiste-conservateur commande à Lucien Bouchard de plus en plus de discours. En campagne électorale, le contenu de ces discours peut devenir aussi important que la mise en scène des assemblées publiques. Il n'y a pas un rédacteur de discours, mais une équipe qui choisit les thèmes en fonction de l'évolution de la campagne. Le problème, pour Lucien Bouchard, c'est qu'il rédige généralement ses textes à Chicoutimi tandis que le comité de stratégie qui les révise siège à Ottawa.

« Ils jouaient pas mal dans mes textes », se souvient-il. Il éprouve même pas mal de difficultés avec l'avocat Jean Bazin, qui allait être nommé au Sénat en 1986, Charles McMillan, un économiste à la mode originaire de l'Île-du-Prince-Édouard et professeur à l'Université York de Toronto, et Hugh Segal, ancien conseiller du premier ministre de l'Ontario, Bill Davis.

Bouchard se rend très vite compte que les stratèges de Brian Mulroney, pour la plupart originaires de Montréal et de Toronto, ne font pas toujours la même lecture que lui des événements politiques du début des années quatre-vingt. Il écrit sans grande conviction. Comme lorsqu'il était avocat, il se contente en somme de « présenter les bons côtés de la cause » sans trop se préoccuper de savoir si ses textes changeront quoi que ce soit à la vérité ou à la décision de l'électorat.

« J'écrivais les discours de Mulroney de façon très désabusée, m'a un jour raconté Lucien Bouchard. Je me disais simplement que je lui rendais service en faisant cela. »

L'idée de rédiger un discours sur la Constitution vient quand même de lui. Il en avait assez d'écrire sur l'économie, un sujet qu'il ne jugeait « pas très chromé » ! Même si cette suggestion rendait « les gars autour de Brian » un peu nerveux, le principal intéressé accepta.

Lucien Bouchard avait découvert, parmi toutes les paperasses qu'on lui avait remises, un rapport sur la Constitution rédigé par Arthur Tremblay. « J'avais trouvé ça bon », se souvient-il. Voilà comment naquit l'idée de ce fameux « discours de Sept-Îles » que Brian Mulroney prononça, le 6 août 1984, dans la circonscription électorale de Manicouagan, sur la Côte-Nord, où il était candidat.

Le sénateur Tremblay collabora d'ailleurs à la première version du texte. La situation ne manquait pas d'ironie : Brian Mulroney, dont Pierre Trudeau avait dit que ses idées étaient « assez proches » des siennes, se fiait maintenant aux conseils d'un militant souverainiste et d'un ancien conseiller de Joe Clark ! La politique conduit parfois à d'étranges alliances...

Comme d'habitude, l'équipe d'Ottawa « a joué avec le texte et l'a un peu dilué », se souvient Bouchard.

Mais l'essentiel, l'idée de la « réparation » d'une erreur qui avait été commise dans la nuit du 4 au 5 novembre 1981, était toujours là. Et c'est ce qui comptait pour lui... En définitive, est-ce Lucien Bouchard qui a converti son ami aux vertus de la réconciliation nationale ? Ou Brian Mulroney qui, par opportunisme, était prêt à tenir toutes les promesses ? En 1990, quand les deux amis se séparent, Bouchard refuse toujours de répondre à cette question : « Je ne veux pas blesser Mulroney parce que j'ai de l'estime pour lui, confie-t-il. Il a des qualités que peu de gens soupçonnent. »

La première qualité de Mulroney, c'est son flair politique, et la deuxième, son attitude pragmatique face aux problèmes qui lui sont posés. Pour lui, la querelle entre Ottawa et Québec avait assez duré. Et, reconnaissant qu'il y avait « des blessures à guérir », il savait que les premiers pas devraient inévitablement venir du reste du Canada.

« Si vous élisez des députés québécois et me donnez la majorité au parlement d'Ottawa, lance-t-il, nous redonnerons au Québec la place qui lui revient dans la Confédération. Nous modifierons la Constitution pour que le Québec puisse signer — avec dignité et fierté — le document qu'il a rejeté en 1981. »

Brian Mulroney n'avait sans doute pas besoin d'un tel discours pour remporter l'élection du 4 septembre 1984 et devenir premier ministre du Canada. Les Québécois, comme tous les autres Canadiens, voulaient d'abord se débarrasser des libéraux. Ce qu'ils firent avec un enthousiasme surprenant...

Dans la soirée du 4 septembre, Lucien Bouchard est en compagnie de Brian Mulroney dans sa suite du *Manoir* de Baie-Comeau. Les bureaux de scrutin étaient à peine fermés au Québec et en Ontario que le

Parti progressiste-conservateur était déjà assuré d'une confortable majorité.

« J'ai besoin de toi à Paris comme ambassadeur », dit simplement Mulroney à Bouchard. On votait toujours dans les quatre provinces à l'ouest de l'Ontario, l'homme n'était pas encore premier ministre que, déjà, il distribuait portefeuilles de ministres et postes diplomatiques !

Mais il n'est décidément pas facile de convaincre Lucien Bouchard de s'arracher à son bureau : il mettra près de neuf mois à accepter la proposition de Mulroney ! Comment cet homme qui a tant admiré la France, et rêvé d'y vivre quelque temps, a-t-il pu hésiter si longtemps ? Ce n'étaient sûrement pas ses clients de Chicoutimi ni les discours qu'on continuait de lui commander sur des sujets parfois aussi futiles que l'inauguration d'un élévateur à grains à Sept-Îles, ou le soixante-quinzième anniversaire du club de hockey des Canadiens, qui le retenaient !

Bouchard avait la plume tellement facile qu'il estime à une cinquantaine le nombre de discours qu'il a rédigés pour Brian Mulroney. Une fois, alors qu'il était dans son bureau de Chicoutimi, le premier ministre du Canada l'appela, sur un radio-téléphone, de la piste d'atterrissage de l'aéroport militaire de Moscou où il venait d'arriver pour les funérailles officielles du président Andropov ! La semaine suivante, le président des États-Unis venait à Québec pour une visite d'État : « On me donna quatre jours pour rédiger quatre discours différents », se souvient Bouchard. Il ne faut pas s'étonner que, le présentant à Ronald Reagan, Brian Mulroney ait dit de lui qu'il était « le Canadien français le plus éloquent qu'on ait jamais connu » !

C'est aussi un messager fort occupé ! Depuis l'élection d'un gouvernement progressiste-conservateur,

Lucien Bouchard, de Chicoutimi, faisait office d'agent de liaison entre René Lévesque à Québec et Brian Mulroney à Ottawa. « Les premières semaines, je ne faisais que cela », se souvient-il. Un jour que René Lévesque lui demanda de transmettre à son ami Brian une liste de sujets dont il voulait discuter au cours de leur première rencontre à Québec, Bouchard jugea qu'il avait autre chose à faire. Il organisa plutôt une rencontre entre le secrétaire exécutif du gouvernement du Québec, Louis Bernard, et le secrétaire principal du premier ministre du Canada, Bernard Roy, et leur demanda de s'arranger entre eux.

Qu'il s'agisse de son rôle lors de la rencontre au sommet entre Reagan et Mulroney, ou de ses bons offices entre les premiers ministres du Canada et du Québec, tout cela en dit long sur la confiance qu'on plaçait dans une bureaucratie pourtant colossale, jalouse de son influence et convaincue d'avoir le monopole de la vérité ! Car enfin, c'est tout de même « le jeune avocat de Chicoutimi » qui fut ainsi associé de près au lancement, en 1985, des négociations sur un Traité de libre-échange entre le Canada et les États-Unis et au dégel des relations entre le Canada et la France qui permit la création, en 1986, d'un nouveau forum international : le Sommet des pays ayant en commun l'usage de la langue française.

On ne sait trop quelle conclusion en tirer. Faut-il y voir la méfiance de Mulroney pour la bureaucratie fédérale ? Ou tout simplement un signe de l'improvisation qui régnait à Ottawa dans les premiers mois du gouvernement progressiste-conservateur ? Toujours est-il que Lucien Bouchard en retira des habitudes de travail qui lui jouèrent de mauvais tours dans sa carrière de ministre à Ottawa. On ne court-circuite pas impunément le protocole et les hiérarchies dans l'administration fédérale !

Quand enfin il accepte, au printemps de 1985, le poste d'ambassadeur du Canada à Paris, Lucien Bouchard doit suivre une session intensive d'information aux Affaires étrangères et dans les grands ministères fédéraux. On l'y reçoit comme un chien dans un jeu de quilles. « Le service extérieur est devenu le dépotoir des amis de Brian Mulroney », grognent les diplomates de carrière. Il faut dire que l'ambassade de Paris est l'une des plus convoitées. Cet ancien hôtel particulier du Faubourg Saint-Honoré, à quelques pas du Palais de l'Élysée, ne manque pas de chic. Une fois traversé un petit jardin aux statues et aux fontaines couvertes de mousse, un majordome en gants blancs vous conduit dans le grand salon aux parquets cirés, aux grandes fenêtres tendues de brocart et à l'immense cheminée qui s'étire vers les hauts plafonds. La fine porcelaine, le cristal, l'argenterie brillent des reflets du feu de bois que le valet allume toujours, midi et soir à l'heure des repas, dans la cheminée. Et tout cela n'est rien, à côté du festin que le maître d'hôtel vous sert avec une interminable collection de vins fins. La belle vie !

Heureusement pour Lucien Bouchard, l'inspecteur général des ambassades du Canada à l'étranger le prend sous sa protection et l'initie aux secrets de la carrière. Il s'agit de Raymond Chrétien, le neveu du futur premier ministre du Canada, avec qui il se lie d'amitié et dont les promotions, malgré la présence d'un gouvernement progressiste-conservateur à Ottawa, seront soudain accélérées. Bouchard sait se montrer reconnaissant...

Les ambassadeurs importants doivent aussi, avant de quitter le pays, faire une visite de courtoisie dans toutes les capitales provinciales. Quand Lucien Bouchard se présente à Québec, en juin 1985, la réception est glaciale. Bernard Landry, alors ministre des Affaires internationales, venait de recevoir une note interne de ses fonctionnaires qui concluait que « la nomination de Bouchard à Paris n'augurait rien de bon pour le Québec ».

La déléguée générale du Québec à Paris, Louise Beaudoin, eut la même réaction : elle craignait que Lucien Bouchard, ami de Brian Mulroney et de René Lévesque tout à la fois, ne réduise l'importance de son propre rôle à Paris. Elle n'avait pas tort. M. l'ambassadeur du Canada n'allait-il pas, dans un lapsus révélateur, inviter ses employés qu'il rencontrait pour la première fois à lever leur verre « au resserrement des liens entre la France et le... Québec » !

Quand Bernard Landry transmit à René Lévesque la mise en garde de son ministère sur l'ingérence que Lucien Bouchard ne manquerait pas de se permettre dans le cours des relations franco-québécoises, celui-ci la feuilleta distraitement et ajouta, avec un sourire entendu : « C'est le *fun* en crisse, par exemple ! » Bien du monde à Québec regretta alors d'avoir reçu fraîchement le nouvel ambassadeur du Canada à Paris !

Lucien Bouchard avait à ce moment-là complété son virage fédéraliste. « Je vais à Paris d'abord parce que je pense qu'on est dans la fédération pour longtemps et peut-être pour tout le temps », avait-il déclaré à l'équipe éditoriale du *Devoir*. Nullement à l'abri d'une contradiction, il me demandait à la même époque s'il devrait immédiatement rendre sa carte du Parti québécois, ou s'il ne devrait pas plutôt la conserver encore un peu pour exercer son droit de vote au scrutin qui s'annonçait pour assurer la succession de René Lévesque !

La presse anglophone, qui le connaissait pourtant très peu, se méfia surtout de lui parce qu'il était un « ami de Brian Mulroney ». À ce moment-là, c'était assez pour se faire détester ! Certains journalistes anglophones, qui l'avaient vu traîner dans les couloirs du bureau du premier ministre à Québec, dénoncèrent cette nomination sur le thème : « *A pequist in Paris !* »

René Lévesque voulait rapidement prouver que le beau risque signifiait quelque chose. Le président de la République française, François Mitterrand, de même que le premier ministre du Canada, Brian Mulroney, tenaient à un déblocage des négociations qui s'éternisaient depuis 20 ans sur l'organisation d'un Sommet francophone et qui s'étaient encore heurtées, le 30 mai 1983 à Williamsburg, dans le cadre d'un tête-à-tête entre Mitterrand et Pierre Trudeau, à l'intransigeance de ce dernier.

« Votre dossier, c'est la francophonie », suggéra Lévesque à Bouchard.

Quand celui-ci débarque à Paris, le matin du 5 septembre 1985, toutes les conditions sont remplies pour qu'il inaugure sa carrière avec ce qu'on appelle « un succès diplomatique ». C'est toujours bon pour un débutant !

On imagine que l'entrée de Lucien Bouchard au Palais de l'Élysée et sa première rencontre avec le président de la République française, le 20 septembre 1985, furent un événement marquant de sa brève carrière diplomatique. Cela se passa plutôt bien et dura assez longtemps pour être remarqué en haut lieu. Mais

Bouchard révéla aussi, à cette occasion, toute l'astuce dont il peut être capable pour séduire un interlocuteur de marque. Il s'était en effet présenté avec une copie du livre de François Mitterrand — *Ma part de vérité* — qu'il lui demanda de dédicacer. Je me rendis compte, 10 ans plus tard, que Bouchard a souvent recours à ce stratagème pour flatter les personnages politiques qui se targuent d'écrire des livres. En route pour Paris et une rencontre avec Philippe Séguin, président de l'Assemblée nationale et principal allié du Québec dans le nouveau gouvernement de Jacques Chirac, il me raconta qu'il avait emporté dans ses valises un exemplaire de son livre à lui aussi — *Ce que j'ai dit...* Flatteur avec ça !

En moins de deux mois, les détails de la participation du Québec au Sommet de la francophonie furent réglés. Il faut dire qu'une bonne partie du travail avait été faite par Claude Morin, ministre des Affaires intergouvernementales depuis 1976, et par Louise Beaudoin, qui lui avait succédé en 1982. Un accord est néanmoins signé entre Brian Mulroney et Pierre-Marc Johnson, devenu premier ministre le 3 octobre 1985. Et Bouchard en reçoit le crédit.

Représentant personnel du premier ministre du Canada, Lucien Bouchard participa ainsi à l'organisation des deux premiers Sommets de la francophonie, à Paris en 1986 et à Québec en 1987. Il accompagna François Mitterrand au Canada, au mois de mai 1987, pour ce qui fut la première visite d'un président français depuis celle du général de Gaulle, en juillet 1967 : 20 ans après, une page était tournée. Et en janvier 1988, Bouchard écrivit un nouveau chapitre en organisant la première visite en France d'un gouverneur général du Canada, en l'occurrence Jeanne Sauvé.

Voilà pour la grande diplomatie. Mais il est aussi un aspect moins connu du travail de l'ambassadeur Bouchard à Paris, celui de l'expert qui évolue dans des dossiers aussi techniques que le contentieux de la pêche au large des côtes de Terre-Neuve et des îles de Saint-Pierre-et-Miquelon, l'achat d'hélicoptères pour les bâtiments de la Marine canadienne, ou la vente à la France de bombardiers à eau qu'on appelle là-bas des *Canadair*.

C'est à cette occasion, comme ce fut le cas au début des années quatre-vingt dans l'administration provinciale, que Lucien Bouchard se fit remarquer des mandarins fédéraux et des grands barons de l'industrie canadienne. Il avait le don d'assimiler très vite de volumineux et complexes dossiers. Une fois cela fait, il participait aux réunions avec une autorité surprenante. Certains hommes d'affaires se rappellent que les diplomates de carrière mettaient parfois en garde leur ambassadeur contre un excès d'enthousiasme. « Crisse ! il faut que ça se règle ! » leur lançait-il alors, d'un air impatient.

Le séjour de Lucien Bouchard à Paris passa cependant presque inaperçu au Canada, sinon pour ses comptes de dépenses qui avaient augmenté de 70 %, mais il faut dire que, représentant personnel du premier ministre au Sommet de la francophonie pendant trois ans, il avait dû parcourir l'Afrique et l'Europe. La presse avait bien d'autres chats à fouetter pendant que Bouchard était à Paris. Le gouvernement Mulroney était sans cesse secoué par quelque scandale. Puis il y avait eu « la saga du lac Meech » et le débat constitutionnel sur « le rapatriement du Québec dans l'honneur et l'enthousiasme », que Lucien Bouchard avait suivi de loin.

Le 30 avril 1987, les premiers ministres du Canada se rencontrent dans une résidence cossue du parc de la

Gatineau, sur les bords du lac Meech. En un après-midi, ils s'entendent sur un projet d'accord constitutionnel satisfaisant les cinq conditions que Robert Bourassa posait à son adhésion à la Constitution de 1982 : reconnaissance du caractère distinct de la société québécoise, garanties constitutionnelles sur la présence de trois juges québécois à la Cour suprême du Canada, confirmation des pouvoirs du Québec sur la sélection et l'intégration des immigrants, limites au pouvoir de dépenser du gouvernement fédéral, et droit de *veto* du Québec.

Dans la nuit du 2 au 3 juin, l'entente de principe du 30 avril est confirmée dans une résolution qui doit être approuvée par les 2 chambres du parlement fédéral et les 10 législatures provinciales. Ce sera long, un vrai calvaire pour Lucien Bouchard !

En 1987 et 1988, les négociations sur le libre-échange entre le Canada et les États-Unis avaient aussi donné lieu à beaucoup de manchettes. Mulroney et son gouvernement battent maintenant tous les records d'impopularité. Bref, il est temps de rappeler l'ambassadeur du Canada à Paris...

« Paris, ce fut important pour moi », me confia un jour Lucien Bouchard en me reprochant de ne pas accorder assez d'attention à ces trois courtes années de sa vie auxquelles il consacra malgré tout, en 1992, plus du tiers de son essai autobiographique.

Lucien Bouchard avait aussi d'autres raisons de se souvenir de ce séjour à Paris. C'est là qu'en mars 1987 il rencontra une jeune Américaine et que sa vie d'homme changea.

Lucien Bouchard allait être père. Désormais, il allait surtout se préoccuper de la mémoire que ses enfants conserveraient de lui...

CHAPITRE 6

LE MARI TOMBEUR
ET LE PÈRE *GAGA*

Pendant que Lucien Bouchard était à Paris, les magazines canadiens s'intéressaient davantage à sa vie mondaine qu'à ses talents de diplomate. Et quand les envoyés spéciaux étaient des envoyées spéciales, elles se pâmaient à l'occasion sur ses talents de tombeur.

Une journaliste de *L'actualité* jauge ainsi Son Excellence pendant qu'elle déguste avec lui un saumon grillé arrosé de sancerre :

« Physiquement, sans présenter une carrure d'athlète, il est plutôt costaud, a la prunelle sombre, le sourcil en broussaille et le cheveu très noir malgré ses 48 ans. Son air ténébreux tranche avec ses manières spontanées presque rudes. Un restant d'adolescence dans la démarche et une gueule plutôt romantique complètent le portrait. " Un personnage de Stendhal ", suggère une amie. »

L'amie en question aurait aussi bien pu être Denise Bombardier, animatrice vedette de la télévision de Radio-Canada :

« Avec son charme et son beau regard, écrit en effet une autre journaliste, de *Maclean's* cette fois, Lucien Bouchard a été remarqué avec quelques femmes bien en vue à Paris et au Canada, telle l'animatrice de télévision Denise Bombardier. »

La réalité est un peu plus prosaïque. Certes, l'homme pouvait être capable des plus immédiats coups de foudre. Entré dans un studio de télévision « nouvel ambassadeur du Canada à Paris », il pouvait en ressortir amant de la journaliste qui venait de l'interviewer !

Mais quand il partit à Paris en 1985, Lucien Bouchard était toujours marié. On a beau compter le premier ministre au nombre de ses amis, être bien en cour et habiter un hôtel particulier du Faubourg Saint-Honoré, la morale anglo-saxonne du ministère canadien des Affaires étrangères ne badine pas avec les mœurs. J'ai vu Brian Mulroney lui-même appeler une jeune femme pour la supplier de se marier avec l'homme qu'elle fréquentait officiellement depuis 15 ans sinon il ne pourrait nommer le diplomate de carrière à la prestigieuse ambassade qu'il lui réservait. C'est tout dire !

Les relations extraconjugales de l'ambassadeur du Canada à Paris seront donc discrètes. Même après le départ de Mme Bouchard, l'amante de Lucien ne put jamais emménager à la Chancellerie, ce qui la chagrina beaucoup.

Les amis de Lucien Bouchard ne se gênaient pas à l'occasion pour entretenir sa légende de tombeur de ces dames. « Il n'aimerait pas que je dise cela, confiait Bernard Roy, secrétaire principal du premier ministre du Canada, à une journaliste : elles le trouvent toutes charmant. Je crois que c'est sa chevelure noire et ses yeux sombres. Et sa façon de manier les mots. »

Confirmant la légende, quelques anecdotes un peu scabreuses couraient sur la façon dont Mme l'ambassadrice découvrit, en pleine visite officielle de Brian Mulroney à Paris, que l'ambassadeur avait un sens bien particulier des relations extérieures. Ce fut la rupture définitive avec Jocelyne Côté mais le divorce ne viendra qu'en 1988, après que Lucien Bouchard soit devenu une personnalité politique importante au Canada.

Du charme, il devait bien en avoir tout de même, ce distingué quinquagénaire, pour séduire en plein ciel, sur un vol de 45 minutes entre Paris et Londres, une Californienne de 21 ans sa cadette !

C'était en mars 1987. Il avait tout juste eu le temps d'apprendre qu'elle s'appelait Audrey et cela aurait pu être le début d'une autre aventure... « Mais le destin avait déjà fait son œuvre », écrit Bouchard dans ses mémoires.

Audrey Best est une jeune femme encore plus timide et renfermée que son mari. Elle n'aime pas parler d'elle et se livre très peu à la presse, surtout depuis que le *Toronto Star*, pour se venger de son séparatiste d'amant, l'a surnommée « *The Valley Girl* », un jeu de mots insultant pour les jeunes filles de Los Angeles. Au Québec on dirait « une pitoune ».

Le père d'Audrey vivait sur la Côte d'Azur en France pendant que sa frégate était amarrée, comme tous les bâtiments de la Sixième Flotte américaine, au quai de Villefranche. Il y rencontra Marie-Josée Tora, une jeune Niçoise. Quelques années plus tard, en 1962, le couple Best rentrait aux États-Unis, sur la côte du Pacifique, avec leur petite fille de deux ans, Audrey. Celle-ci a grandi, d'une base militaire à une autre, en Europe, en Australie, un peu partout aux États-Unis.

L'été, elle revenait en France chez ses grands-parents maternels, moitié à Paris, moitié sur la côte d'Azur. En 1979, à 19 ans, elle prit un emploi d'été — « à 7,41 $ de l'heure », se souvient-elle — chez McDonnell Douglas pour se payer une voiture. Et elle quitta ses études pour épouser un riche Californien qu'elle connaissait depuis quelques années. Cet amour de jeunesse ne durera que quelques années pour celle qui s'appelait maintenant Mme Audrey Froleich. Sur le plan professionnel, elle grimpa les échelons de McDonnell Douglas jusqu'à devenir cadre au service de vérification interne. Peut-être a-t-elle vérifié les comptes des chasseurs *F-18* que sa compagnie fabriquait alors pour le Canada !

À 26 ans, elle décide de quitter son premier mari et, pour se changer les idées, retourne à Paris où vivait toujours sa grand-mère. Elle veut entreprendre des études de littérature et de Beaux-Arts en France et retourne une dernière fois en Californie pour préparer son déménagement. C'est au cours de ce voyage qu'elle rencontra Lucien Bouchard, dans le confort des fauteuils de la classe affaires. Il s'était présenté comme un simple « diplomate canadien » et elle dut trouver que le Canada traitait plutôt bien ses employés !

Lui s'en venait à Calgary prononcer un discours. Elle rentrait en Californie chercher ses meubles pour s'installer en France. Un déjeuner à Heathrow, en attendant leur correspondance, leur permit d'échanger leurs adresses. Audrey Best fut un peu surprise de recevoir, une semaine plus tard, une lettre à en-tête gravée au nom du « Bureau de l'ambassadeur ».

La romance, commencée en plein ciel, allait se poursuivre jusqu'en juillet par un courrier de moins en moins diplomatique. Au fur et à mesure que l'été 1987 approchait, les murs vénérables de la chancellerie retentissaient aussi des explications de plus en plus impatientes que l'ambassadeur donnait à sa vedette de télévision pour l'inviter à prendre le large.

Certains ont cru reconnaître, dans les dernières pages de *Nos hommes*, l'essai de Denise Bombardier, ses réflexions sur cette liaison tapageuse : « Elle discutait politique avec lui. Il devenait vite agressif. Il la détestait de nouveau, regrettant sa présence tout en l'affrontant. Puis il claquait les portes. » Sur la difficile rupture : « Je lis dans ses yeux qu'il regrette son élan initial et enrage d'y avoir cédé. Je suis une femme de trop. » Sur l'homme enfin : « Déterminé, manipulateur, presque froid. [...] Quant à son cœur, il est à l'abri, encerclé par sa détermination, sa volonté et son implacable, marmoréenne, raison. »

Lucien Bouchard et Audrey Best ont vraiment commencé à se fréquenter publiquement après le retour de l'ambassadeur au Canada en 1988. Pendant l'été, la jeune femme accompagnait alors le député de Lac-Saint-Jean dans les tournois de golf de la région. Elle était à ses côtés à son assemblée d'investiture et le soir de sa victoire aux élections générales du 21 novembre.

Certains la traitèrent un peu froidement parce que le divorce de Bouchard avait fait quelque bruit dans la région. Pourtant, il avait tenu à laisser à sa première femme tout ce qu'il avait accumulé. « Lucien était pas mal cassé », constata son comptable.

Maintenant qu'il était revenu au Canada, député de Lac-Saint-Jean et secrétaire d'État, Lucien Bouchard tenait en effet à régulariser sa situation au plus vite. Pressé d'en finir, il voulait tout laisser à Jocelyne Côté : la maison de Chicoutimi, le chalet du lac Grenon, les meubles, la voiture et même le régime enregistré d'épargne-retraite. Son avocat avait beau le raisonner, il tenait à laisser tous ses biens à sa première femme. La précipitation de Lucien Bouchard fut telle qu'il se retrouva, au cours de l'été 1988, dans un appartement entièrement vide à Ottawa. Ne sachant trop le nécessaire dont il avait besoin et sans doute un peu gêné de s'en charger lui-même, il remit à la femme de son chef de cabinet, Lyne Canuel, un chèque en blanc déjà signé et lui demanda d'aller chez Zellers acheter vaisselle, casseroles, draps et serviettes, grille-pain et fer à repasser !

Restaient les meubles. «Je peux m'en occuper», proposa Luc Lavoie. «Ça va me coûter trop cher avec toi», dit Lucien Bouchard, décidant d'accompagner son chef de cabinet chez Colonial Furniture à Ottawa.

«Lucien est un baise-la-cenne», dit Luc Lavoie, racontant que son ministre choisit tout ce qu'il y avait de bon marché. «Je suis un gars plutôt frugal», confirme Lucien Bouchard. De fait, ceux qui visitent encore aujourd'hui l'appartement du premier ministre du Québec s'assoient sur les fauteuils de Colonial Furniture et mangent dans les assiettes de Zellers !

Lucien Bouchard et Audrey Best se marièrent le 17 février 1989 à Hull. Brian Mulroney et sa femme reçurent la famille et les amis à la résidence officielle du premier ministre du Canada, 24 Sussex Drive à Ottawa.

Audrey Best apporta deux choses très importantes à Lucien Bouchard : une vision du Québécois qu'il était et une raison d'être du père qu'il voulait devenir.

«Française et américaine, sa dualité lui a permis de comprendre les Québécois mieux que bien d'autres, m'expliqua un jour Lucien Bouchard. Audrey n'en revient pas de constater à quel point on vit et on réagit comme des Américains. Et en même temps, elle nous trouve très français. Elle est fascinée par ce mélange, qui est unique, et nous trouve bien plus aux confins d'une civilisation française et américaine, que canadienne et française.» Audrey Best a tiré sur le Canada une cruelle conclusion : «Chez nous aussi, me dit-elle pendant la campagne électorale de 1993, il y a des rivalités entre la côte Est et la Californie, entre le Nord et le Sud. Mais tout le monde se sent américain. Ici, personne ne se sent canadien!» Elle-même ne se sent pas québécoise non plus, du moins sûrement pas dans le sens où les pure laine du Saguenay–Lac-Saint-Jean l'entendent. Elle n'est pas très à l'aise, aux côtés de Lucien Bouchard, dans les défilés de la Saint-Jean-Baptiste et elle dit éprouver «des réactions ambiguës» face au projet de son mari.

«Elle est américaine : tu ne l'as pas dans les tripes comme nous autres quand tu n'es pas d'ici», explique Bouchard, interrompant une conversation qu'il commence à trouver «d'une franchise redoutable». Les Bleuets eux-mêmes sentent bien, sans trop lui en tenir rigueur, qu'Audrey Best «n'a pas marié le Québec».

Ce n'est pas le projet de souveraineté du Québec qui dérange Audrey Best. C'est plutôt cette maudite politique qui la prive trop souvent de son mari, empêchant celui-ci de retourner à la pratique du droit, la privant elle-même des allers-retours entre la Californie et la France auxquels elle était habituée. «Je me sens *groundée* ici», reproche-t-elle de temps en temps à Lucien Bouchard lorsque celui-ci lui demande de participer à quelque fonction officielle.

Car Bouchard peut devenir invivable loin de sa famille. «Il n'aime pas être seul, confirme Audrey Best.

Quand je le laisse, il n'est plus le même et je ne sais pas s'il ferait de la politique s'il n'avait pas de famille.» Quant à ses deux garçons : «Ils le rendent complètement gaga!» dit la mère.

En a-t-il parlé des enfants à ses amis! Un jour, au bord du lac Grenon, il confia à un voisin qu'il ne comprenait pas pourquoi les prêtres ne peuvent toujours pas se marier et avoir des enfants. Amateur de biographies d'hommes célèbres, il a cru remarquer que plusieurs grands personnages britanniques ou américains sont des fils de pasteurs protestants. «Chez nous au Québec, poursuivit-il, les familles québécoises choisissaient le plus brillant de leurs enfants pour en faire un prêtre. Puis ces prêtres observaient les jeunes dans les paroisses et prenaient les plus talentueux d'entre eux pour les envoyer au séminaire!» Voilà peut-être comment les prédicateurs de la «revanche des berceaux» privèrent le Québec de quelques génies!

Un jour, avant qu'il ne soit marié, il demanda à brûle-pourpoint à Jean-Roch Boivin :

«Combien d'enfants as-tu, toi?

— Cinq, répondit celui qui allait devenir son principal conseiller politique.

— T'es riche toi!» dit Bouchard d'un ton envieux.

Car les enfants, pour Bouchard, c'est une sorte de prolongement, la mémoire de ce qu'il a voulu bâtir. «Chaque génération qui suit donne raison aux efforts de la génération qui a précédé», me dit-il au moment de prendre la direction du gouvernement du Québec.

Certes, comme dit sa femme, «c'est un père un peu gaga». Comme tous les pères de plus de 50 ans, sans doute. C'est seulement après la naissance d'Alexandre et de Simon qu'Audrey Best put voir son mari délaisser un peu ses livres de La Pléiade en rentrant chez lui : il passait désormais une partie de ses soirées, couché sur le tapis du salon, à jouer avec les bambins.

Quand sa femme fut sur le point d'accoucher de son premier enfant, dans la nuit du 29 novembre 1989, il lui fit traverser en vitesse la rivière des Outaouais. « Pour moi, il était clair que mon fils devait naître au Québec ! » dit-il sans se rendre compte que son attitude n'était pas très orthodoxe pour un ministre du Canada ! Et il appela ce fils Alexandre. Cela faisait des années qu'il avait expliqué à un ami qu'il nommerait son premier fils Alexandre ! Quand je lui ai demandé pourquoi, il s'est lancé dans un long panégyrique du jeune empereur de Macédoine qui avait conquis le monde... « Un homme qui se prenait pour un demi-dieu et qui, dans la vingtaine, était parti conquérir le monde. C'était un personnage démesuré qui, dans les périodes les plus désespérées, quand les soldats ne voulaient plus suivre, s'avançait lui-même, tout seul, à l'assaut des barricades. Et un grand intellectuel aussi : il s'endormait tous les soirs avec, sous son oreiller, *L'Iliade* et *L'Odyssée*, qu'il connaissait par cœur... »

« S'avançant seul, quand les soldats ne voulaient plus suivre... » Bouchard se prendrait-il pour l'Alexandre le Grand des péquistes ?

□

Pendant quelque temps, les Bouchard mènent la grande vie dans la capitale nationale. Les réceptions mondaines et les tournées officielles au Canada et à l'étranger se multiplient. Mais dans le dos du couple, la presse anglophone et quelques hauts fonctionnaires cancanent.

Hypocritement, on s'étonne des 21 ans qui séparent Lucien Bouchard et Audrey Best, alors qu'on n'a pas fait tant de chichi quand Pierre Trudeau épousa une femme de 29 ans sa cadette ! Et puis, Mme Bouchard s'habille avec élégance. Quelques mâles anglophones de la tribune de la presse parlementaire à Ottawa reluquent et se laissent aller à des plaisanteries de mauvais goût. Dans la capitale fédérale, quand un politicien tombe en disgrâce, tout est permis. N'a-t-on pas vu un magazine satirique organiser un concours sur le dépucelage de la fille de Brian Mulroney, alors âgée de 17 ans ? Dans le cas des Bouchard comme dans celui des Mulroney, les parangons de la vertu fermaient les yeux sur les attaques personnelles les plus vicieuses. Pire, des tartufes de tribunes téléphoniques, comme André Arthur à Québec, y ont fait écho à la radio et en ont remis un peu plus...

Ce fut une autre période difficile pour Lucien Bouchard. Au cours de l'été 1995, il passait ses vacances en Californie avec sa femme et ses enfants. Le *Washington Post* avait repris les rumeurs sur les difficultés du couple qu'André Arthur propageait sur les ondes de radios privées. Des amies d'Audrey Best, ayant lu la nouvelle, l'appelaient pour lui conseiller de ne pas se laisser faire. Et les parents de la jeune femme posaient des questions insistantes. Passe encore que leur fille soit mariée à un séparatiste... mais à un mari volage !

Pour mettre fin à tout cela, Audrey Best et Lucien Bouchard décidèrent, le 13 juillet 1995, d'intenter conjointement une poursuite en diffamation. Les propos de l'animateur de radio, qui n'en était pas à ses premiers démêlés avec la justice, étaient d'un tel mauvais goût et avaient si peu de fondement que l'affaire se régla rapidement, hors cour et pour 60 000 $.

« Vous ne verrez pas beaucoup ma femme ni les enfants, me confiait Bouchard quelques semaines plus tard. Je ne connais pas beaucoup d'hommes ou de femmes qui acceptent qu'on attente ainsi à leur conjoint, à leurs enfants ou à leurs parents : j'y ai pensé beaucoup avant de prendre ma décision. »

À partir de 1995, en effet, on ne se contente plus de ricaner. Les menaces de violence arrivent, le visant, puis sa femme et même ses enfants qu'une policière doit aller cueillir à l'école. « On est écœurés de ça », me dit Bouchard après être devenu premier ministre. La Sûreté du Québec devait maintenant affecter une équipe à la sécurité des enfants. « Qu'est-ce que tu veux, on ne peut pas prendre de chances avec des enfants », me dit-il d'un air triste.

□

Au moment où il a démissionné de son poste de ministre fédéral, où il a abandonné la limousine et les indemnités de plusieurs dizaines de milliers de dollars, Lucien Bouchard fut bien tenté de retourner à une pratique du droit qui l'aurait enfin rendu assez riche. « Il valait près d'un demi-million de dollars par année », dit l'associé d'un grand bureau qui lui avait offert de se joindre à lui.

Mais en mai 1990, pourtant acculé à un autre « repli », Bouchard ne parle plus comme autrefois d'aller « faire de l'argent ».

« C'est une famille que j'ai créée maintenant, me dit-il. Cela vaut la peine de se battre, de faire des choses, de bâtir. Je me sens vis-à-vis de mes fils comme mon père et ma mère vis-à-vis de nous. Je ne voudrais pas qu'ils passent leur vie à se ronger les sangs avec la question du Québec dans le Canada, pas dans le Canada. Je voudrais qu'on règle ça pour eux et pour tous les autres qui poussent.»

Au moment où Lucien Bouchard m'expliquait ainsi qu'il voulait créer un nouveau pays pour ses enfants, Alexandre revenait d'un séjour chez ses grands-parents en Californie.

— *Hi, dad! I'm an American*, dit l'enfant.

Le père a bien ri!

CHAPITRE 7

L'INSOUMIS

L'influence de Lucien Bouchard dans la capitale fédérale, à titre de membre du Conseil des ministres, dura exactement neuf mois : du 19 mars au 20 décembre 1988 ! Le reste, avant et après cette sombre année 1988, n'aura été qu'un accident de parcours dans l'itinéraire un peu compliqué d'un homme qui s'aventura sur la scène fédérale par désœuvrement autant que par amitié pour Brian Mulroney, mais qui ne s'est jamais senti chez lui ailleurs qu'au Québec.

Avant le 19 mars 1988, et sa décision de représenter la circonscription électorale de Lac-Saint-Jean au parlement du Canada, ses talents de rédacteur de discours lui ont tout au plus permis de mettre quelques phrases historiques dans la bouche d'un premier ministre du Canada. Des paroles qui ont fini par s'envoler parce qu'elles ne reposaient sur rien de profond dans la culture du Parti progressiste-conservateur du Canada. Elles ne tenaient qu'à un homme, Brian Mulroney, désormais renié par son parti...

Après le 20 décembre 1988 et sa disgrâce, Lucien Bouchard se laissa glisser dans une lente descente aux enfers, jusqu'à la rupture définitive avec Brian Mulroney, le 22 mai 1990.

Il est évidemment facile de récrire l'histoire. Mais Brian Mulroney aurait tout de même bien dû savoir, le soir du 19 mars 1988, que son plan pour sauver le gouvernement progressiste-conservateur d'une défaite prévisible était plein de trous. Il se trouvait ce jour-là à Bruxelles pour une réunion des chefs d'État et de gouvernement de l'Alliance atlantique. Il profita de l'occasion pour régler avec son ambassadeur à Paris les derniers détails de se rentrée au Canada. L'opinion publique avait bien été préparée. Les journaux du Canada anglais étaient remplis d'articles sur le « Messie de Paris ». « Mulroney a besoin d'aide : Lucien, où êtes-vous ? » titrait le magazine *Maclean's* un mois plus tôt.

Dans sa quatrième année, au plus bas de sa cote de popularité, le Gouvernement avait effectivement besoin d'un miracle. L'enjeu, pour les milieux d'affaires, les gens de l'Ouest et les Québécois, était double : empêcher les libéraux et leur chef surtout, ce John Turner en qui bien peu de monde avait confiance, de reprendre le pouvoir. Et sauver l'Accord de libre-échange entre le Canada et les États-Unis. Mais il y aurait un prix à la réélection des progressistes-conservateurs : l'appui du Québec.

« Bouchard, c'est le joueur étoile, celui qui peut faire un miracle pour nous », affirmait Gary Ouellet, l'un des principaux organisateurs de Brian Mulroney au Québec.

En acceptant, trois ans plus tôt, la prestigieuse ambassade de Paris, Lucien Bouchard savait qu'il aurait un jour une dette à payer. En 1988, il ne pouvait plus refuser, comme en 1976 à René Lévesque et comme en 1984 à Brian Mulroney, de subir le test de l'opinion publique et de monter « en première ligne ». On n'a guère d'influence sur un premier ministre, à moins d'être élu soi-même... La rencontre de Bruxelles n'avait donc d'autre objet que de régler les derniers détails. Des détails ? Comme tout bon avocat, Lucien Bouchard rêvait de devenir ministre de la Justice. Il avait aussi une autre priorité : « Je voudrais avoir la responsabilité ministérielle de l'Accord du lac Meech », dit-il à Mulroney. Il voulait enfin se présenter dans la circonscription électorale de Chicoutimi, la capitale régionale du Saguenay–Lac-Saint-Jean. Aucune des trois conditions posées par Bouchard ne serait satisfaite. Cela commençait plutôt mal !

Il avait été convenu que Brian Mulroney procéderait à un remaniement ministériel juste avant le long congé de Pâques. Or, il se trouvait qu'à ce moment-là le secrétariat d'État était disponible à la suite de la démission de son titulaire, David Crombie, un ancien maire de Toronto. Va pour le secrétariat d'État !

Mais qu'est-ce qui a bien pu passer par la tête de Brian Mulroney et de ses proches conseillers de confier un tel ministère à Lucien Bouchard ? Du jour au lendemain, ils confient à ce fédéraliste aux convictions pour le moins chancelantes, ancien militant du Parti québécois et plaideur des causes souverainistes devant la Cour suprême, la responsabilité de défendre les droits des minorités de langues officielles, de promouvoir le multiculturalisme, de présider aux Fêtes du Canada le 1er juillet et de veiller au protocole des visites de la Reine !

« C'était un coup bassement machiavélique de Mulroney pour obliger Bouchard à jouer les *Mister Canada* », affirme Luc Lavoie qui, pas plus que Bernard Roy, ne l'avait perçu ainsi.

Mais « dans la machine », comme disait avec
mépris Lucien Bouchard, on savait bien qu'il ne manquait pas de patates chaudes dans les cuisines du secrétariat d'État. Les francophones de la Saskatchewan et
les anglophones du Québec étaient en effet devant la
Cour suprême pour faire reconnaître les droits que leur
accordait la nouvelle Constitution de 1982. Comme
toujours, la décision des juges ne manquerait pas de
soulever des vagues à travers le pays. Et au Parlement,
une révision de la Loi sur les langues officielles divisait
le groupe parlementaire progressiste-conservateur.

Bref — c'était sans doute la vraie raison de la nomination de Lucien Bouchard au secrétariat d'État —, les
occasions ne manqueraient pas de mettre ses convictions fédéralistes à l'épreuve !

Nous avons dit que quand il était parti à Paris
Bouchard avait eu droit à deux mois de séances d'information et de préparation à ses fonctions d'ambassadeur.
À Ottawa, il n'eut pas droit à une semaine ! Son asser-
mentation officielle eut lieu le 31 mars, un Jeudi saint.
La conférence de presse qui suivit à Rideau Hall, la
résidence officielle du gouverneur général, donna tout
de suite le ton de l'année qui s'en venait.

Les journalistes du Québec voulaient savoir ce que
Bouchard ferait pour redonner une virginité à un Parti
progressiste-conservateur secoué par une série de
scandales qui impliquaient surtout, mais pas exclusivement, des élus québécois. Au moins trois ministres —
André Bissonnette, Michel Côté et Roch LaSalle — de
même que plusieurs députés faisaient l'objet d'enquêtes
de la Gendarmerie royale du Canada sur des allégations de trafic d'influence et de corruption.

Là-dessus, Lucien Bouchard n'était pas en peine de
répondre. Il lui suffit de saluer « le plus grand legs que

nous ait laissé René Lévesque, qui a consisté à transformer les mœurs électorales et la vie publique au Québec ».

Il évoquait évidemment la loi 2, dont René Lévesque était très fier, peut-être plus fier encore que de la loi 101, la Charte de la langue française. Dès son arrivée au pouvoir en novembre 1976, le premier gouvernement du Parti québécois avait supprimé les dons des corporations aux partis politiques, plafonné les contributions individuelles, et prévu une subvention de 25 cents par électeur à tous les partis reconnus à l'Assemblée nationale. « Cette révolution va se transposer à Ottawa », promit Lucien Bouchard qui devint instantanément, pour la presse québécoise, M. Net. La presse anglophone n'avait pas les mêmes soucis. Elle voulait plutôt savoir ce qu'un séparatiste comme lui pourrait bien faire au secrétariat d'État. Serait-il prêt à défendre les droits des minorités de langues officielles — l'anglaise surtout ! — contre les mauvais coups des provinces — du Québec en particulier ! « Je suis canadien, répliqua Lucien Bouchard. Je suis né au Canada et ma famille est établie ici depuis 1636. Je suis très fier d'être canadien. »

Les choses se sont cependant gâtées quand un journaliste anglophone, plus bilingue que les autres, s'intéressa lui aussi à la mission outaouaise de Mr Clean. Après tout, insinuait-il, la politique au Québec a toujours été affaire de corruption. Le « beau regard sombre » de Bouchard devint encore un peu plus sombre. « Je suis ici pour démontrer que les Québécois forment un peuple fondamentalement honnête ! » lança le nouveau ministre, profondément blessé.

« Ils n'écoutent pas les gens du Québec, ils ne veulent pas savoir ce qu'on a à leur dire, ils ne lisent même

pas nos journaux, ne regardent pas notre télévision »,
me dit Bouchard, déjà très amer.

Les ministres du Canada anglais, ceux de l'Ouest en
particulier comme Jake Epp du Manitoba, Ray
Hnatyshyn de la Saskatchewan, Don Mazankowski de
l'Alberta, Tom Siddon de la Colombie-Britannique, lui
ont réservé un accueil chaleureux à la réunion du cabinet qui suivit. Mais le ton était donné. « C'est pas ma
gang ça », disait-il déjà, s'enfonçant dans la dangereuse
dialectique du « nous et les autres ». En politique
fédérale, on n'a le droit d'être albertain, ontarien, terre-
neuvien ou québécois que 45 jours tous les 4 ans, le
temps des campagnes électorales. Le reste du temps, il
faut être canadien, *first and foremost*. Pour Bouchard,
c'était là tout un défi ! L'épreuve n'allait d'ailleurs pas
tarder...

Le nouveau ministre alla passer le week-end de
Pâques chez sa mère, à Chicoutimi. Dès son retour à
Ottawa, le jeudi, la Cour suprême du Canada faisait sauter une petite bombe dans le ciel généralement serein
de la capitale nationale. Elle constata qu'en créant la
Saskatchewan et l'Alberta, en 1905, on avait oublié
d'enchâsser, dans la constitution de ces deux provinces,
les droits de la minorité francophone jusqu'ici garantis
par l'Ordonnance des Territoires du Nord-Ouest. Puis
la Cour proposa deux façons de combler ce vide juridique : en reconnaissant rétroactivement les droits de
la minorité francophone, comme on finit par le faire au
Manitoba en 1983, ou en abolissant carrément les
droits des francophones, rétroactivement et pour toujours, à condition de le faire par une loi rédigée dans...
les deux langues officielles du pays.

Ce que s'empressa de faire la Saskatchewan dès le
lendemain !

« Bouchard a pris ça comme un bâton de baseball en pleine figure », se souvient son directeur de cabinet, Luc Lavoie.

Le secrétaire d'État du Canada est en quelque sorte le tuteur des minorités francophones de l'extérieur du Québec. C'est donc Lucien Bouchard qui devait monter au front, contre deux gouvernements progressistes-conservateurs et dans une région représentée au cabinet fédéral par les ministres les plus influents. On lui fit vite comprendre qu'il n'était pas question de mettre dans l'embarras Grant Devine, le premier ministre de la Sakatchewan, et son collègue de l'Alberta, Don Getty, qui s'était empressé de suivre ce bien mauvais exemple.

Tout en abolissant les droits constitutionnels des francophopnes de sa province, Grant Devine promettait quand même, bon prince, de créer un Bureau de traduction et de publier en français les lois les plus importantes, dans le domaine de la justice et de l'éducation en particulier. Il s'engageait aussi à ouvrir des écoles bilingues.

Cette « générosité » permit à Mulroney de ménager son allié de la Saskatchewan. « Nous sommes déçus car nous aurions préféré que votre gouvernement fasse plus, plus vite », écrivit-il de Floride où il passait ses vacances de Pâques. Cette lettre, au ton modéré pourtant, fit grand bruit. Elle créa surtout un précédent : le premier ministre du Canada s'était permis de sermonner un collègue provincial sur la façon dont il traitait ses minorités.

« Cette missive enclenchait le premier affrontement qui allait nous opposer, Brian Mulroney et moi, à propos du jugement de la Cour suprême sur la loi 101 », comprit Bouchard un peu plus tard...

Pour le gouvernement du Canada, l'abolition des droits linguistiques était inacceptable. D'un autre côté, la traduction de certaines lois et l'ouverture de nouvelles écoles bilingues constituaient un progrès puisqu'il n'y avait jamais rien eu de tel en Saskatchewan. « Puisque vous n'avez pas de principes, vous allez passer au *cash* », dit Lucien Bouchard à ses collègues du cabinet, abasourdis de tant d'audace. De fait, pendant son très court séjour au secrétariat d'État, Bouchard va soutirer plus de 300 millions de dollars au Trésor fédéral et financer la construction d'écoles, de collèges, de bibliothèques et de centres communautaires francophones en Ontario et dans les Prairies.

Mais les méthodes de Lucien Bouchard n'étaient pas toujours très orthodoxes. Quand les mandarins du Trésor ou des Finances se faisaient un peu trop tirer l'oreille, il passait par-dessus leur tête et celle de leurs ministres et sollicitait une intervention directe de son ami Brian. « Là résidaient ma force et ma flaiblesse, reconnut Lucien Bouchard quelques années plus tard. Car si j'avais facilement accès à lui, il ne pouvait que rarement jouer le *Deus ex machina* dans mes dossiers. »

En jouant ainsi les francs-tireurs, Lucien Bouchard avait au mieux contracté des dettes politiques qu'il devrait rembourser un jour. Au pire, et c'est souvent ce qui arriva, il se fit de terribles ennemis...

Et il n'était même pas encore élu député à la Chambre des communes !

Il faillit même se faire battre et terminer là sa carrière politique à Ottawa. La circonscription électorale de Chicoutimi qu'il avait réclamée n'était pas disponible. Son député, André Harvey, qu'on avait « démissionné » sans penser à le prévenir, s'accrocha à son fauteuil de la Chambre des communes. La circonscription de Jonquière, voisine et tout à fait acceptable puisque Bouchard y avait passé 18 années de sa jeunesse, n'était pas davantage ouverte. Son représentant, Jean-Pierre Blackburn, le lui fit savoir en public, au beau milieu de l'aéroport de Bagotville. Et comme on ne pouvait tout de même pas demander au député de Roberval, Benoît Bouchard, de s'effacer, il ne restait plus que la circonscription de Lac-Saint-Jean, où on se souvint que Lucien Bouchard était né! Clément Côté réclama un siège au Sénat. Il se contenta plutôt de la vice-présidence de la Régie de la construction du Québec que Robert Bourassa lui offrit pour faciliter l'élection de Bouchard.

« Veux-tu donc me présenter chez les ours polaires? » protesta Lucien Bouchard auprès de Brian Mulroney. Il n'avait donc pas gardé de si bons souvenirs de ses deux années à Saint-Cœur-de-Marie!

Ces tractations avaient tout de même duré jusqu'au 29 avril et si on voulait que Lucien Bouchard entre à la Chambre des communes avant l'ajournement d'été et un vote historique sur l'Accord du lac Meech, il fallait faire vite.

Une candidature de Lucien Bouchard dans la région du Lac-Saint-Jean n'était pas sans risques. On avait cru, à tort, qu'il y était une personnalité connue. À vrai dire, éminence grise de tous les pouvoirs, il n'avait jamais détenu de poste visible. Les gens ne se bousculaient pas, dans les rues d'Alma, pour venir le saluer. Et puis, la région avait sa vedette, un Bouchard de surcroît, Benoît, qui faisait très bien l'affaire. Bref, Lucien n'était guère plus qu'un « parachuté », « M. l'ambassadeur », comme on disait avec ironie.

On avait aussi sous-estimé la rivalité légendaire entre les gens du Lac-Saint-Jean et ceux du Saguenay. À

Alma, rivale traditionnelle de Chicoutimi, on se souvenait surtout de la carrière d'avocat de Lucien Bouchard, « le suppôt de la haute finance de Chicoutimi ». Son adversaire libéral, Pierre Gimaïel, avait été député de 1980 à 1984. Obscur à Ottawa, il s'agitait beaucoup dans sa circonscription. Il avait toujours été libéral, continuait de faire campagne depuis sa défaite et était heureux en ménage. Son slogan — « Fidèle » — lui permettait de rappeler qu'il avait toujours été fidèle à sa région, à son parti, et à sa femme... lui ! Ce n'était pas des plus subtil mais diablement efficace. Cela portait d'autant plus que Jocelyne Côté était une fille d'Alma et que Lucien Bouchard était perçu comme « un péteux de broue de Chicoutimi » !

Bouchard avait voulu donner à sa campagne une dimension nationale. « Le meilleur signal à envoyer au Canada anglais pour le convaincre de voter pour l'Accord du lac Meech, c'est de voter pour le gouvernement qui l'a conçu et qui peut seul le mettre en vigueur », avait-il dit au lancement de sa campagne. Cela n'impressionna guère les cols bleus d'Alma qui auraient préféré qu'on leur parle de pain, de beurre et de quelques bouts de chemin de gravier qui attendaient depuis longtemps une bonne couche d'asphalte. Les libéraux marquaient des points, répétant partout : « Bouchard vous parle toujours du lac Meech. Eh bien ! il ferait mieux de s'occuper du Lac-Saint-Jean. »

Bref, cela s'annonçait plutôt mal pour Lucien Bouchard. Ce que lui fit savoir Jacques Brassard, député provincial de la même circonscription. Brian Mulroney demanda au numéro deux de son cabinet de premier ministre, Luc Lavoie, d'aller constater les dégâts sur place.

« Viens pas icitte ! » dit Bouchard, manifestement de mauvaise humeur. S'il avait su que Lavoie avait déjà décidé de se rendre à Bagotville en avion privé, il aurait fait une crise !

Frais arrivé de Paris et des réceptions au Palais de l'Élysée, le candidat vedette des progressistes-conservateurs n'était pas très expert dans l'art de serrer les mains des mamans et d'embrasser leurs bébés. Et les *drafts* des tavernes de la région n'avaient pas le pétillant du champagne des cocktails diplomatiques.

Quand Luc Lavoie fait rapport au premier ministre, celui-ci comprend que c'est sérieux et lui demande de prendre trois semaines de congé pour se consacrer à plein temps à cette campagne décidément mal partie. Le principal organisateur du Parti au Québec, Pierre-Claude Nolin, s'installe lui aussi à Alma. Les sondages donnent alors Lucien Bouchard perdant.

Finalement, la gigantesque machine qui s'entraînait en vue des élections générales prévues pour l'automne suivant remit la campagne de Lucien Bouchard sur ses rails. Brian Mulroney parcourut le comté de village en village, murmurant à l'oreille des électeurs : « J'ai besoin de Lucien à Ottawa, envoyez-le-moi. »

On était prêt à tout pour gagner chez les progressistes-conservateurs. Ayant découvert que Mario Tremblay, le joueur de hockey aujourd'hui entraîneur du Canadien de Montréal, avait possédé une taverne qui portait encore son nom à Alma, on décida de le faire venir pour appuyer la candidature de Bouchard.

« Mario, Lucien et Brian, c'est le trio bleu de *Lance et compte !* », avait dit Mulroney.

Il y avait un petit problème cependant : Tremblay était sous contrat avec General Motors et n'avait pas le droit de participer à des événements politiques. Et il devait tourner un film publicitaire le jour où on avait besoin de lui à Alma. Qu'à cela ne tienne ! On appela George Peable, président de GM Canada, pour libérer Mario. Le temps était serré cependant et le seul moyen de faire venir la vedette au Lac-Saint-Jean était de le faire voyager en avion à réaction. Les dépenses électorales, minutieusement contrôlées, ne permettaient pas une telle extravagance. Luc Lavoie découvrit, à 500 mètres de la limite du comté dans lequel Lucien Bouchard faisait campagne, une piste d'atterrissage construite au temps de la Guerre froide et abandonnée mais encore en assez bon état. L'avion ne serait donc pas comptabilisé dans les dépenses d'élection du candidat progressiste-conservateur !

L'avion à réaction de Mario Tremblay atterrit à 11 h 30. À 11 h 45, il était à Alma et à midi, le « trio bleu » serrait les mains des clients de la taverne. À 16 h, Mario Tremblay était de retour à Montréal et reprenait le tournage de ses messages publicitaires...

Ces extravagances n'empêchèrent pas M. Net de prêcher la vertu. Il avait décidé d'appliquer à cette élection partielle, avec l'aide d'un député progressiste-conservateur, François Gérin, la méthode de financement populaire qu'il voulait faire adopter par le Gouvernement avant les prochaines élections générales. Il fut ainsi capable de réunir 1542 contributions individuelles totalisant 86 900 $, un beau résultat dont on parla fort peu. Cela n'eut aucun impact, pas plus que le rapport qu'il soumettrait au premier ministre en août : les partis fédéraux, libéral aussi bien que progressiste-conservateur, sont de coûteuses machines électorales sans militants. Leurs bailleurs de fonds envoient des chèques, plutôt que de petites coupures de 5 ou 10 $.

Bouchard avait eu raison de présenter cette élection comme une répétition générale de la campagne électorale qui s'en venait à l'automne. Il avait reçu l'appui de plusieurs vedettes du Parti québécois, et même de la veuve de René Lévesque, Corinne Côté, elle aussi originaire de la région, de même que de Robert Bourassa et du président de son parti, Michel Pagé. Au Québec, le Parti progressiste-conservateur s'était refait une virginité. Et la grande « coalition arc-en-ciel » réunissant derrière les candidats de Brian Mulroney libéraux provinciaux et péquistes, celle qui avait permis aux progressistes-conservateurs de remporter 58 sièges en 1984, était enfin reconstituée. Brian Mulroney n'en demandait pas plus...

Alors que dans les officines du Parti on s'affairait à préparer la campagne de l'automne, Lucien Bouchard, lui, retourna à ses problèmes de secrétaire d'État. Le Gouvernement avait proposé un an plus tôt des amendements à la Loi sur les langues officielles. D'abord conçue, en 1969, pour assurer des services dans les deux langues officielles à travers tout le pays, il fallait lui donner une nouvelle impulsion. Le projet de loi C-72, que Lucien Bouchard trouva dans son portefeuille de secrétaire d'État, lui confiait notamment la responsabilité de « promouvoir le français et l'anglais dans les entreprises, les organismes patronaux et syndicaux, les organismes bénévoles ».

« Le réveil fut brutal », dit Bouchard, quand il se rendit compte du tollé que cette loi soulevait au Québec. Le Conseil de la langue française, tout en étant d'accord pour que le gouvernement fédéral fasse la promotion du français à l'extérieur du Québec, refusait qu'il fasse la même chose pour l'anglais dans la province. « Ce serait la négation pure et simple de la reconnaissance, en 1987, du caractère distinct de la société québécoise », décida le Conseil. Bouchard comprenait mal le fanatisme des nationalistes québécois. Il avait même eu droit à des injures. À Québec pour les funérailles de Félix Leclerc, des gens l'avaient apostrophé à la sortie de l'église : « Comment un Bleuet comme vous n'est-il pas honteux de se battre contre le français ? » lui lançaient-ils. Lucien Bouchard se retrouva cette fois devant un autre genre de « coalition arc-en-ciel ». Elle réunissait le ministre libéral Gil Rémillard, le nouveau chef de l'opposition, Jacques Parizeau, les présidents des centrales syndicales, Gérald Larose de la CSN et Fernand Daoust de la FTQ, et des milliers de Québécois prêts à afficher sur leur balcon, pour le défilé de la Saint-Jean-Baptiste : « Ne touchez pas à la loi 101 ! »

Pour Lucien Bouchard, il allait de soi que la minorité anglophone du Québec s'en sortait très bien sans l'aide d'Ottawa. Elle avait ses 306 écoles primaires, ses 7 cégeps et ses 2 universités, ses 79 hôpitaux et centres de soins communautaires, tous ses droits politiques et juridiques, ses stations de radio et de télévision, et son quotidien *The Gazette*. Par contre, au Canada anglais (le secrétaire d'État avait eu le temps de le lire dans ses *breefing books* !) il y avait 15 fois plus d'écoles d'immersion que d'écoles francophones, et aucun droit scolaire dans 8 des 10 provinces. Le ministère de Lucien Bouchard versait 453 $ pour chaque francophone d'âge scolaire au Canada anglais, contre 538 pour chaque élève anglophone au Québec.

Aucune commune mesure donc... Avant même qu'elle ne soit adoptée, Lucien Bouchard interprète « sa » loi en public, à Québec, en présence de Gil Rémillard : « Jamais le gouvernement fédéral, en tout cas tant qu'on sera là, nous autres, jamais le gouvernement que dirige M. Mulroney ne voudra ou ne tentera d'intervenir dans la langue du travail, la langue des communications, et ainsi de suite. »

Cette déclaration calma quelque peu les esprits au Québec, mais mit en alerte les médias anglophones, à commencer par la *Gazette* de Montréal. Le débat sur le projet de loi C-72, au début de l'été 1988, qui provoqua la dissidence de neuf députés progressistes-conservateurs, mobilisa des troupes, tant au Québec qu'au Canada anglais, pour la vraie bataille qui s'en venait en décembre. Et Lucien Bouchard était du mauvais côté de la ligne de front...

Entre-temps, le gouvernement progressiste-conservateur devait encore passer au tribunal de l'opinion publique. Presque toute la campagne électorale, déclenchée le samedi 1er octobre 1988, porta sur le projet de Traité de libre-échange avec les États-Unis, auquel les libéraux de John Turner s'opposaient farouchement. Lucien Bouchard reprit même encore une fois sa plume de rédacteur de discours. Il aura sans doute été, de toute l'histoire politique du Canada, le seul ministre à rédiger les discours des autres plutôt que de faire écrire les siens !

Le 21 novembre, Brian Mulroney et le gouvernement progressiste-conservateur encaissent les dividendes de la rentrée de Bouchard au Canada : le Québec, qui ne représente que 25 % des circonscriptions électorales du Canada, élit 63 députés progressistes-conservateurs, 37 % de la majorité gouvernementale. Les libéraux du premier ministre Robert Bourassa et les péquistes du chef de l'opposition Jacques Parizeau ont bien travaillé. Lucien Bouchard se croit important. Capable de tout...

Dès le 12 décembre, les députés sont rappelés à Ottawa : il faut faire vite car le Traité de libre-échange doit être ratifié avant la fin de l'année. Entre le jeudi 15 décembre et le mardi 20 décembre, la carrière de Lucien Bouchard s'est jouée. Et peut-être, avec elle, l'avenir du Québec. Tout cela s'est joué sur un mot dont bien des Canadiens et des Québécois ne comprennent même pas la signification : *nonobstant*. Jeudi 15 décembre. La Cour suprême — « Encore elle ! » dirait Bouchard qui était pourtant si fier de la fréquenter quand il était avocat — rend trois jugements sur la loi 101. Elle conclut que le gouvernement du Québec peut effectivement légiférer dans le domaine de l'affichage public et de la publicité. Mais la Charte québécoise de la langue française, en interdisant l'usage de l'anglais, brime la liberté d'expression des entreprises. Elle contrevient donc à la Charte canadienne des droits et libertés. C'est incidemment la première fois que la Cour suprême établit que le discours commercial fait partie de la liberté d'expression : les fabricants de tabac pourront contester les règlements sur la publicité qui les affectent.

Vendredi 16 décembre. Robert Bourassa, qui avait pourtant rassuré Lucien Bouchard — « J'ai un plan ! » —, passe l'après-midi et la soirée avec son groupe parlementaire et ses ministres à tenter de résoudre la crise. La Cour suprême avait cru bien faire en suggérant que le Québec assure « une nette prédominance » du français sans interdire totalement l'anglais. Les plus folles suggestions circulèrent. Faudrait-il mesurer la grosseur des lettres sur les panneaux d'affichage ? Quel rapport devrait-on établir entre le français et l'anglais ? Trois contre un ? Quatre contre un ? Et qu'arriverait-il si on imprimait le texte français en bleu et le texte anglais en rouge ? Ou si un malin se mettait en tête d'encadrer le texte anglais de petites ampoules lumineuses ? Et clignotantes ?

En deux jours, la Société Saint-Jean-Baptiste, le
Mouvement Québec français et les centrales syndicales
avaient réussi à mettre sur pied une manifestation de
50 000 personnes à Montréal. Une fois de plus, la pou-
drière linguistique venait de sauter...
    SAMEDI 17 DÉCEMBRE. Brian Mulroney est informé de
la décision de Robert Bourassa. Celui-ci a retenu la plus
farfelue de toutes les suggestions : français, anglais —
ou javanais si on voulait ! — à l'intérieur des commerces
et français seulement à l'extérieur. Mais il devait alors,
pour interdire l'usage de l'anglais à l'extérieur, recourir à
la clause « nonobstant », une clause de la Constitution de
1982 qui permettait aux gouvernements provinciaux de
déroger à la Charte canadienne des droits et libertés. Le
gouvernement du Québec, à l'instar de ceux de la
Saskatchewan et de l'Alberta neuf mois plus tôt,
suspendait les droits de sa minorité.
    DIMANCHE 18 DÉCEMBRE. Brian Mulroney convoque,
à sa résidence officielle du 24 Sussex Drive, son
secrétaire d'État, Bouchard, le vice-premier ministre,
Don Mazankowski, le greffier du Conseil privé, Paul
Tellier, et le secrétaire des Relations fédérales-
provinciales, Norman Spector. Sans qu'on leur ait rien
demandé, les fonctionnaires avaient préparé un projet
de lettre de protestation que Brian Mulroney enverrait
le lendemain à Robert Bourassa, dès que son projet de
loi 178 aurait été déposé. La logique était simple :
puisque le gouvernement du Canada avait blâmé la
Saskatchewan, il devait aussi semoncer le gouvernement du Québec. On a le sens de la continuité historique dans l'administration fédérale !
    Lucien Bouchard, qui est pourtant lui-même opposé
au recours à la clause « nonobstant », tenta de faire
comprendre à ses collègues qu'on ne peut tout de
même pas comparer le sort de la minorité anglophone

du Québec à celui des francophones des Prairies. Grant Devine avait aboli, et pour toujours, tous les droits des francophones. Robert Bourassa suspend, pour cinq ans, une infime partie des droits de la minorité anglophone, le droit d'afficher leur langue dans la rue. Et puis, cette clause faisait partie de l'héritage de Pierre Trudeau. Elle avait été adoptée, en novembre 1981, en l'absence de René Lévesque. Alors, pourquoi ne pas s'en servir ?

LUNDI 19 DÉCEMBRE. Atmosphère de crise d'un bout à l'autre du pays. Le premier ministre du Manitoba, Gary Filmon, retire l'Accord du lac Meech de l'ordre du jour de sa législature. L'opposition libérale aux Communes, flairant la bisbille qui divise le cabinet fédéral, annonce qu'elle monte aux barricades. Nouvelle réunion d'urgence, à 9 h du matin, dans le bureau de Brian Mulroney : les fonctionnaires multiplient les versions de la lettre, adoucissent chaque fois le ton. « Le problème, c'est le principe même de la lettre », tranche Bouchard, intraitable.

À 13 h, Mulroney convoque Lucien Bouchard à son bureau du Parlement. Il lui présente un dernier projet de lettre, en lit des passages, tente de lui démontrer qu'elle est aussi modérée que possible dans les circonstances. Il annonce qu'il va l'envoyer le soir même et la rendre publique immédiatement. Et il retire sur-le-champ le dossier de la loi 101 à Lucien Bouchard, le confiant au sénateur Lowell Murray, son ministre des Relations fédérales-provinciales.

« Je ne peux cautionner ce geste en restant dans votre gouvernement, dit Bouchard. De surcroît, ma démission va vous débarrasser d'un ministre impopulaire au Canada anglais et embarrassant pour vous. »

Bouchard aurait-il démissionné ? « Personne n'en sait rien », dit Luc Lavoie des années plus tard. Mais,

connaissant mieux le ministre que quiconque, il sur-
veille du coin de l'œil ce qu'il s'apprête à faire...

Lucien Bouchard est en effet retourné dans son
bureau et a commencé à rédiger sa lettre de démission
quand Paul Tellier frappe à sa porte. Le mandarin des
mandarins fédéraux tente encore une fois de le
convaincre d'accepter, par solidarité, que le gouvernement fédéral condamne le recours à la clause « nonobstant ». Bouchard l'arrête : « Je suis en train de rédiger
ma lettre de démission. »

On fait aussi venir le sénateur Arthur Tremblay :
l'un des architectes de la Révolution tranquille, c'était
tout de même une bonne caution ! Peine perdue...

Luc Lavoie comprend alors que Lucien Bouchard
ne pliera plus. Il prend sur lui de rejoindre, à Thunder
Bay où il passe ses vacances, le directeur de cabinet du
premier ministre, Derek Burney. Les deux hommes se
connaissent bien : Burney était sous-secrétaire d'État
aux Affaires étrangères quand Bouchard était ambassadeur à Paris. Son rôle est d'éviter les crises au Gouvernement et il réussit — in extremis et par téléphone ! — à convaincre Brian Mulroney de renoncer à
sa lettre.

« Arrêtez, dit Lavoie en se précipitant dans le
bureau de Lucien Bouchard : le premier ministre vous
fait dire qu'il n'enverra pas de lettre à Bourassa. »

Brian Mulroney vient de céder au chantage, et il
déteste cela. Mais le pire avait été évité... Croyait-il !

Car Lucien Bouchard va lui donner un dernier coup
de poignard dans le dos...

Après avoir jeté sa lettre de démission à la poubelle,
le secrétaire d'État songe un moment à convoquer une
conférence de presse. Mais il se fait tard. Il invite plutôt
à son bureau un journaliste qu'il connaît bien, Pierre
April, de la Presse Canadienne. Faire des déclarations

sur le projet de loi 178 à l'agence de presse, c'est s'assurer qu'elles feront les manchettes de tous les journaux du lendemain matin !

Voilà qu'après avoir convaincu son patron de ne pas condamner Robert Bourassa Lucien Bouchard se charge lui-même de l'absoudre ! « Le recours à la clause " nonobstant " est un acte légal et légitime dans l'exercice d'un mécanisme inclus dans la Constitution du pays, déclare-t-il. Elle est là pour assurer la survie de certaines valeurs fondamentales au Québec et il appartient au gouvernement du Québec d'évaluer les circonstances dans lesquelles il peut y recourir. » Pour faire bonne mesure, Lucien Bouchard s'en prend aussi au premier ministre du Manitoba et le traite quasiment d'hypocrite !

Le soir même, Brian Mulroney ordonne à Luc Lavoie d'empêcher Lucien Bouchard de paraître aux Communes. On inventa un prétexte pour l'envoyer à Toronto rencontrer son homologue ontarien.

MARDI 20 DÉCEMBRE. Le Canada anglais est déchaîné. Ce que Lucien Bouchard vient d'expliquer, en somme, c'est l'usage que le gouvernement du Québec pourra faire de la reconnaissance du caractère distinct de la société québécoise. Un ministre fédéral, et pas n'importe lequel — l'ami personnel du premier ministre —, cautionne ce régime de « deux poids deux mesures ». Le silence de Mulroney avait assez duré !

Le premier ministre canadien déclare aux Communes : « Je n'approuve pas le recours à la clause dérogatoire par le gouvernement du Québec. Je demande à Robert Bourassa, au nom de l'unité nationale, de retirer son projet de loi 178 qui viole la Charte canadienne des droits et libertés. »

À la réunion hebdomadaire du groupe progressiste-conservateur au Parlement, Lucien Bouchard est pris à partie par ses collègues du Canada anglais. Certains des ministres québécois le défendent mollement. Gilles Loiselle, par contre, tente d'expliquer à ses collègues : « C'est parce que le Québec est au Canada que les Québécois sont obligés de mettre des panneaux pour dire qu'il faut parler français. Si on n'était pas au Canada, cela irait de soi ! »

Lucien Bouchard a fait perdre la face à Brian Mulroney en public, devant tous les autres premiers ministres, devant ses députés, devant ses ministres et devant ses plus hauts fonctionnaires. Il sait à ce moment-là, le 20 décembre 1988, que sa carrière fédérale est finie. Il aurait probablement dû démissionner. Seule la vieille amitié qui lie les deux hommes lui permet de rester.

Le 11 janvier 1989, devant un petit groupe de journalistes, Lucien Bouchard demande plutôt à être muté : « J'accepte, comme conséquence politique de ma déclaration, que M. Mulroney puisse considérer que je doive servir dans un autre ministère. »

Le 30 janvier 1989, voulant sans doute tourner la page, Brian Mulroney nomme Lucien Bouchard ministre de l'Environnement. Une véritable promotion ! On aurait pu croire que Lucien Bouchard allait alors tenter de se faire oublier pour quelque temps. Eh bien non ! Dès le lendemain de sa nomination, il cause tout un émoi dans le gouvernement fédéral. « Tout projet économique qui fera l'objet d'une recommandation négative de la part de mon ministère se trouvera en très mauvais état quand il arrivera au Comité des priorités et de la planification du gouvernement fédéral. » Bouchard se donne un droit de *veto*, en somme, sur tous les grands projets énergétiques et forestiers de la Colombie-Britannique, de l'Alberta et de Terre-Neuve !

« Coudonc ! cet homme-là vit-il avec un micro pogné dans la gorge ? » se demande Brian Mulroney.

« Dites-lui que ça vient avec un *package* : il faut me prendre comme je suis », lui fait répondre Bouchard. Le premier ministre du Canada venait de comprendre qu'il y a quelque chose chez Lucien Bouchard qui, en certaines circonstances, le rend totalement incontrôlable. Sachant qu'ils ne pouvaient plus compter sur lui, Brian Mulroney et ses conseillers le tiendront désormais à l'écart de toutes les grandes décisions stratégiques.

« Je compris que nos relations ne seraient jamais plus les mêmes », conclut Bouchard lui-même.

CHAPITRE 8

LE CONSCRIT

Pour ses collègues du Gouvernement et bien des observateurs du Canada anglais, Lucien Bouchard est un *loose canon*, un « franc-tireur » sur lequel il vaut mieux ne pas trop compter dans les moments de crise. Il a beau leur expliquer que sa position de défenseur des droits des minorités, en tant que secrétaire d'État et dès lors qu'elle le mettait en conflit avec le Québec, le plaçait dans une situation impossible, il n'inspire aucune sympathie. « Il aurait pu y penser avant », grogne le vice-premier ministre, Don Mazankowski.

Telle est même la question qu'on va se poser à propos de toute la carrière fédérale de Bouchard : « Que venait-il faire dans cette galère ? »

Les libéraux s'en donnent à cœur joie avec lui ! Ils savent que le député de Lac-Saint-Jean est le maillon faible de la coalition entre progressistes-conservateurs de l'Ouest et nationalistes québécois qui a mis Brian Mulroney au pouvoir. Sachant le *Bleuet* soupe au lait, ils ne se gênent pas pour le provoquer : « Est-ce que les ministres vont pouvoir se permettre de critiquer en public le prochain budget du ministre des Finances, Michael Wilson ? raille le leader adjoint de l'opposition officielle, Herb Gray. Si Bouchard continue de contredire publiquement son premier ministre, il doit quitter le cabinet. » Patience ! Cela viendra bien assez vite... Malgré tout, le ministre Lucien Bouchard a bonne réputation. Les mandarins fédéraux n'ont pas été sans remarquer son efficacité à piloter les dossiers les plus difficiles au conseil des ministres et son habileté à se servir de ses relations privilégiées avec Brian Mulroney. N'a-t-il pas arraché plusieurs centaines de millions de dollars pour ces minorités francophones de l'extérieur du Québec qui ne constituaient quand même pas une grande priorité ? En somme, les ministères se l'arrachent !

C'est probablement le directeur du cabinet du premier ministre, Derek Burney, qui, avant de prendre son poste d'ambassadeur à Washington, a convaincu Brian Mulroney de nommer Bouchard à l'Environnement. L'écologie était à la mode : effet de serre, trous dans la couche d'ozone, menaces de disparition des bélugas, poissons contaminés au mercure et même les BPC qui, après un incendie spectaculaire à Saint-Basile-le-Grand, sur la rive sud de Montréal, « empoisonneront » au sens propre comme au figuré la campagne électorale de Robert Bourassa cette année-là.

Une commission des Nations Unies — la Commission Brundtland, du nom d'une première ministre de Norvège — avait mis à la mode, en 1987, le concept du « développement durable » : sans remettre en cause le développement économique, celui-ci devrait se poursuivre sans affecter davantage l'écosystème. Le rapport Brundtland avait profondément modifié l'attitude des citoyens. Au Canada, l'environnement venait maintenant en tête de leurs préoccupations, bien avant l'économie, le chômage, la lutte au déficit ou... la Constitution.

Le gouvernement progressiste-conservateur, auquel on reprochait de se montrer trop affairiste et d'avoir « vendu le Canada aux États-Unis » avec son Traité de libre échange, vit là une bonne occasion de se refaire une virginité. Et quel meilleur homme que ce ministre sans peur et sans reproche pour jouer les Chevalier Bayard de l'écologie ? Le ministère de l'Environnement aurait en outre le double avantage de le tenir occupé et loin des débats constitutionnels.

Comme il arrive souvent des ministres ambitieux, Lucien Bouchard trouva un nom à sa nouvelle politique avant même d'en avoir écrit la première ligne : le Canada aurait son *Plan vert*. Son objectif : « assurer aux générations présentes et futures un environnement sûr et sain et une économie forte et prospère ». La vertu, en somme !

Comme toujours quand il se jette dans une nouvelle aventure, Bouchard en prend large. Trop large pour ses collègues du cabinet fédéral et du gouvernement du Québec. Le chapitre de 18 pages de ses mémoires, le plus court, est révélateur : il n'aurait sans doute jamais fait un bon ministre !

L'objectif du *Plan vert* est de régir toute l'activité économique. Le ministère de l'Environnement — Bouchard l'avait suggéré au moment de sa nomination — jouirait d'un droit de *veto* sur les grands projets. Dans un parti conservateur, voire « progressiste-conservateur », dont le *credo* se résume au désengagement de l'État, cela passait plutôt mal.

En plus, cela exigeait beaucoup d'argent : jusqu'à 10 milliards de dollars, envisageait le premier projet de Bouchard. « Tout ce qui pouvait ressembler à un projet de société se heurtait à l'obsession du déficit », se plaint-il dans ses mémoires. Il fait face à l'opposition de

Michael Wilson et de ses comptables du ministère des Finances. Bouchard et Wilson étaient justement voisins de bureau au cinquième étage de l'édifice du Parlement. Un habile politicien eût tenté un rapprochement, de subtiles négociations, des trocs au besoin. Pas Lucien Bouchard qui préférait descendre deux étages et se rendre au bureau de son « ami Brian » pour réclamer son arbitrage. Ce genre d'attitude ne mène jamais loin à Ottawa : l'amitié entre Pierre Trudeau et son ministre des Transports, Jean Marchand, n'a pas résisté à la crise des Gens de l'air et à la bataille du français dans le ciel du Québec en 1975. Dans le cas du couple Mulroney-Bouchard, le premier ministre en est à sa cinquième année au pouvoir, sa cote de popularité est en chute libre et son amitié pour le Bleuet fortement ébranlée : les arbitrages ne viendront pas.

Les empires que constituent à Ottawa les ministères des Finances, des Transports, de l'Énergie, de l'Agriculture ou de l'Industrie et du Commerce résistèrent. Et Lucien Bouchard ravala peu à peu ses prétentions. Il en garde un souvenir amer : « La machine gouvernementale professe officiellement une prédilection pour les plans. Elle invite régulièrement les ministres à en établir. Ce qu'elle n'aime pas, c'est qu'ils voient le jour [...] Pendant ce temps-là, on garde les ministres occupés et on les tient en laisse. Si les choses se corsent, si un plan ou un projet ambitieux est trop près d'aboutir, le prochain remaniement expédie le ministre ailleurs. »

Quand les tractations des comités ministériels lui pesaient trop, Lucien Bouchard s'évadait dans les Parcs nationaux, dont il était aussi responsable. La plupart du temps accompagné d'Audrey Best, alors enceinte, il a fait le tour du pays : « Comme Jean Chrétien, j'allai voir

« Elles le trouvent toutes charmant : je crois que c'est sa chevelure noire et ses yeux sombres... » (Bernard Roy, secrétaire principal du premier ministre du Canada). (Archives *Le Soleil*)

Avril 1992 : le négociateur en chef de l'État québécois
fait face au front commun des trois centrales syndicales :
son mandat est de leur expliquer que la caisse du Gouvernement
est à sec et qu'il faut revenir sur les promesses préréférendaires...
(Archives *Le Soleil*)

« J'ai besoin de toi à Paris », dit Brian Mulroney
à Lucien Bouchard (ici avec Jocelyne Côté en août
1985, à Chicoutimi). (Archives *Le Quotidien*)

« Veux-tu donc me présenter chez les ours polaires ? » protesta
Lucien Bouchard auprès de Brian Mulroney lorsqu'il apprit
que la seule circonscription disponible était celle de Lac-Saint-Jean.
(Photo : *Presse Canadienne*)

La dernière Conférence des premiers ministres, le 9 novembre 1989, à laquelle Lucien Bouchard assista : « Que venait-il faire dans cette galère ? » se demanda-t-on alors...
(Photo : © Raffi Kirdi/PonoPresse internationale)

Brian Mulroney le battit froid. « Je compris que nos relations ne seraient jamais plus les mêmes », conclut Bouchard.
(Photo : © Raffi Kirdi/PonoPresse internationale)

C'est finalement l'échec des négociations constitutionnelles de 1992
— un autre ! — et la campagne référendaire qui suivit — une autre !
— qui allaient sortir Lucien Bouchard de sa déprime.
(Photo : © Marco Weber/PonoPresse internationale)

À Paris en mai 1994, à l'Hôtel Matignon avec le premier ministre
français Alain Juppé, le chef du Bloc québécois en compagnie de
Benoît Bouchard, symbole de la continuité fédéraliste,
et de Louise Beaudoin, gardienne de l'orthodoxie souverainiste.
(Photo : © Jean-Bernard Porée/PonoPresse internationale)

« Mon problème dans la vie, confie Bouchard à un confident à la fin de l'été 1994, c'est que je ne peux pas supporter d'avoir un chef... » (Photo : © Lara Nahas/PonoPresse internationale)

Il n'y a peut-être pas eu de « putsch » mais Parizeau s'est senti bousculé par Bouchard : « J'ai peur que cela ait laissé quelque chose entre les deux hommes », dit Bernard Landry. (Photo : © Michel Ponomareff/PonoPresse internationale)

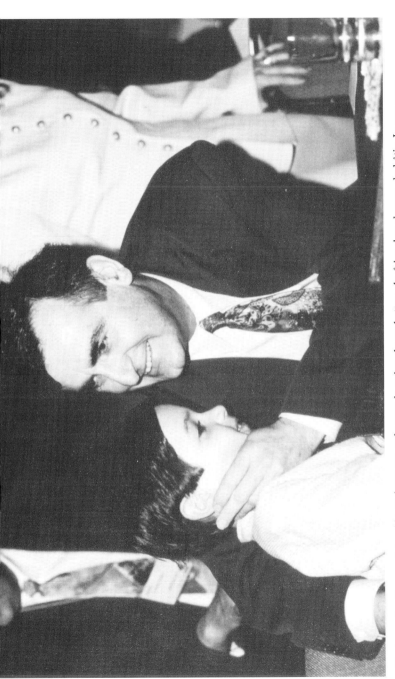

« C'est une famille que j'ai créée maintenant, cela vaut la peine de se battre, de faire des choses, de bâtir. Je me sens vis-à-vis de mon fils [Alexandre] comme mon père et ma mère vis-à-vis de nous. Je ne voudrais pas qu'il passe sa vie à se ronger les sangs avec la question du Québec... » (Photo : © Raffi Kirdi/PonoPresse internationale)

« S'il faut faire défiler 400 000 personnes sur la rue Sherbrooke
au lieu de 200 000 le jour de la Saint-Jean-Baptiste, on va le faire... »
(Photo : © M. Bontemps/PonoPresse internationale)

Bouchard est gêné, voire agacé, de la
compassion que son état inspire. « Je ne veux
pas qu'on me touche, qu'on tente de m'aider,
qu'on me rappelle ça », dit-il. Mais quand la
rampe d'escalier qu'on lui a aménagée pour
accéder à certaines tribunes branle un peu trop,
« j'ai des sautes d'humeur », avoue-t-il.
(Photo : © Pierre-Paul Poulin/PonoPresse
internationale)

les Rocheuses et les trouvai belles », confie-t-il. Après avoir trouvé, à Paris, les diplomates canadiens plus professionnels que leurs collègues de Québec, il constatait maintenant que les *rangers* de Parcs Canada avaient autrement fière allure que les inspecteurs de Tourisme-Québec et de ses *zecs*, les zones d'exploitation contrôlée. « Québec ouvre des parcs mais ne s'en occupe pas assez, écrit-il dans son livre. Je confesse avoir eu parfois la faiblesse de me demander pourquoi on n'a pas laissé le fédéral dépenser notre argent au lieu de le regarder l'investir ailleurs. » C'est exactement ce qu'il fera lui-même. L'administration fédérale voulait ouvrir un parc en Colombie-Britannique, sur un territoire revendiqué par la nation haïda, mais les autochtones refusaient de négocier la cession de leur territoire. Au début de l'été 1989, Lucien Bouchard se rendit chez eux, à la limite de la frontière de l'Alaska. « Il les écoutait, assis au milieu de la *Longhouse*, ramassé sur lui-même tel un fauve. Puis il se mit à leur parler d'égal à égal, une sorte de dialogue de nation à nation », raconte sa directrice de cabinet de l'époque, Patricia Dumas. Il réussit, avant son départ du ministère, à conclure une entente de principe.

Lucien Bouchard éprouvera plus de difficultés à s'entendre avec ses collègues des provinces, en particulier ceux du Québec, avec lesquels, ministre fédéral, il ne parle pas « de nation à nation ». Il avait entrepris la rédaction d'une Loi sur l'évaluation environnementale. Ottawa et les provinces se disputaient cette responsabilité dont les Pères de la Confédération avaient oublié de parler dans l'Acte de l'Amérique du Nord britannique de 1867. Il savait que sa loi le mettrait en conflit avec le Québec et son Bureau d'audiences publiques sur l'environnement à propos du barrage de Grande Baleine.

Les eaux de la rivière qu'Hydro-Québec veut harnacher sont de compétence provinciale. Mais après être passées dans les turbines, elles se jettent dans la baie d'Hudson qui, elle, est de responsabilité fédérale. « Les Québécois sont des gens raisonnables, me disait Bouchard à la fin de 1989, au moment où il entamait les négociations avec ses collègues de Québec. Ils ne vont pas poser des gestes qui compromettraient l'intégrité des fonds marins ni détruire l'habitat des oiseaux migrateurs : je vais m'assurer qu'on ne franchira pas la ligne qui nous ferait empiéter sur les responsabilités de ma province.»

Il proposait au Québec une évaluation conjointe du projet, ce qui lui aurait donné plus de crédibilité face aux critiques des Cris et des Inuit, et de leurs alliés écologistes des États-Unis. Cela ne l'empêcha pas de se faire accuser d'ingérence par le très fédéraliste Pierre Paradis, ministre de Robert Bourassa ! N'eût été des bons offices de son négociateur, David Cliche — dont il s'empressera de faire son ministre de l'Environnement dès qu'il sera premier ministre du Québec —, et de celui de l'Hydro-Québec, Bernard Roy, Bouchard se fût retrouvé dans la même position inconfortable qui était la sienne en 1988 lorsqu'il défendait la réforme de la politique sur les langues officielles.

Il est tout de même intéressant de retenir que, dès 1989 à l'Environnement, Lucien Bouchard est l'homme du partenariat : « Un Québec souverain devrait quand même s'entendre avec ses voisins canadien et américain sur l'examen et la mitigation des contrecoups de tels projets [que l'aménagement de la baie James] sur leurs territoires.» C'est noté !

□

On raconte que, dans les moments les plus difficiles d'une négociation, Bouchard laisse de côté les arguments de principe et fait appel à la raison de son vis-à-vis : « Pense à tes enfants », dit-il alors. Justement, depuis le 29 novembre 1989, il pense à Alexandre. Lorsque ses électeurs de la circonscription de Lac-Saint-Jean lui demandent ce qu'il pense de la construction d'un petit barrage dans la région, il s'interroge : « Ce serait peut-être une bonne idée de laisser à nos enfants une rivière qui ne serait pas transformée en électricité à envoyer aux Américains... »

Au début de 1990, Lucien Bouchard est à une croisée de chemins : rester à Ottawa, peser sur les leviers de la juridiction fédérale et bâtir un Québec propre à Alexandre, ou rentrer à Québec et tenter de lui offrir un pays neuf. Un grand pays vert ou un petit pays bleu en somme. Mais ce sont les rouges, les libéraux de Jean Chrétien, qui lui en feront voir de toutes les couleurs !

On n'a pas beaucoup parlé de Constitution depuis la crise provoquée par l'adoption à Québec de la loi 178 sur l'affichage commercial et la quasi-démission de Lucien Bouchard. Les premiers ministres de tout le pays se sont rencontrés le 27 février 1989 à Ottawa, puis le 20 août à Québec, et encore à Ottawa le 9 novembre, mais c'était surtout pour traiter de questions économiques. Dans les couloirs de l'édifice Langevin à Ottawa — le siège du cabinet du premier ministre et de son Bureau des Relations fédérales-provinciales —, on s'agite cependant.

L'Accord du lac Meech flotte toujours dans l'air « et tout ce qui traîne se salit », grogne Lucien Bouchard. Des cinq conditions posées par le Québec, trois dont la plus importante, celle assurant la reconnaissance du caractère distinct de la société québécoise, nécessitent l'approbation de sept législatures provinciales et du

Parlement fédéral. Négociée le 3 juin 1987, la Résolution constitutionnelle a été adoptée le 23 juin suivant
par l'Assemblée nationale qui déclenche ainsi un
compte à rebours de trois ans au-delà duquel l'Accord
du lac Meech se désintégrera de lui-même, comme les
messages que César envoyait à son espion Zérozérosix
dans *L'Odyssée d'Astérix*.

Or, depuis le 7 juillet 1988, Terre-Neuve a voté en
faveur de l'Accord du lac Meech, portant à huit le
nombre de provinces qui, en plus du gouvernement
fédéral, ont adopté la Résolution. « C'est quoi le
problème ? » demande Bouchard.

Brian Mulroney et Robert Bourassa ont décidé que
les cinq conditions du Québec seraient adoptées en
bloc ou pas du tout. Les 63 députés progressistes-
conservateurs du Québec les encouragent d'ailleurs.
Combien de fois Lucien Bouchard lui-même n'a-t-il pas
lancé aux adversaires de l'Accord : « Tel quel ! Il faut
ratifier Meech tel quel ! »

Plus le temps passe, plus la résistance augmente.
Au Nouveau-Brunswick d'abord où, dès l'automne de
1987, le libéral Franck McKenna a renversé le premier
ministre progressiste-conservateur, Richard Hatfield,
promettant d'exiger des « améliorations » à l'Accord du
lac Meech en faveur des Acadiens. Puis au Manitoba,
où un autre signataire de l'Accord, le néo-démocrate
Howard Pawley, a été battu au printemps de 1988 par
le conservateur Gary Filmon. « Un mauvais sort
s'acharne sur les signataires ! » se dit Bouchard.

Et Pierre Trudeau, de sa retraite, veille au
grain. Lui s'était opposé au projet dès le 27 mai 1987,
avant même son adoption dans sa forme définitive.
Sachant qu'il ne pouvait se fier à l'opposition des libéraux de John Turner, son successeur, il menace : « La

bataille va se livrer au niveau des législatures provinciales.»

Quant à Lucien Bouchard, il convient de rappeler qu'il n'était pas très emballé par les résultats de la négociation du lac Meech à laquelle, retenu à Paris, il n'avait pas participé. Pour lui « l'absence de la signature du Québec au bas du *Canada Bill* de 1982 est une donnée explosive. C'est pour ça que ça ne presse pas trop, confie-t-il à l'équipe éditoriale du *Devoir* au moment de son départ pour Paris en septembre 1985. Avec le temps, la signature s'alourdit en poids et en importance. Peut-être ne faut-il pas la donner trop vite. Peut-être faut-il la laisser désirer un peu. Il y a là un tison, une braise sous la cendre.»

À Ottawa, on ne fut pas très content de cette déclaration : Brian Mulroney tenait à remplir cette promesse au Québec que Lucien Bouchard lui-même lui avait fait tenir, dans son fameux « discours de Sept-Îles ». L'ambassadeur du Canada à Paris ne fera donc plus de déclarations publiques mais en privé, il ne se gêne pas : « Le Québec brade le petit avantage qu'il lui reste pour des *peanuts*, des peccadilles », confie-t-il au Délégué général du Québec à Paris, Jean-Louis Roy, au cours d'un vol au dessus de l'Atlantique.

« J'étais pas chaud des conditions de Bourassa, me dit-il. Je trouvais ça très faible et les gens le savaient. Je n'ai pas été associé de très près à cette affaire-là, sauf à la fin, quand il s'est agi de rédiger des discours et de trouver des formules comme " la famille constitutionnelle ".»

Un peu comme Robert Bourassa, c'est en voyant la réaction enthousiaste des Québécois que Lucien Bouchard est devenu un apôtre de l'Accord du lac Meech. « Quand ça a été annoncé, me rappelait-il au cours de l'hiver de 1990, c'était incroyable : les gens se sont mis à croire dans ce pays-là, ils se sont mis à croire qu'il y avait un avenir politique pour le Québec autrement que dans les affrontements. »

« Je voulais la paix constitutionnelle : l'Accord du lac Meech nous permettrait de nous rendre en l'an 2000 peut-être, dans un climat de relative stabilité », me dit Bourassa lui-même.

Ministre de l'Environnement, Lucien Bouchard aurait pu se tenir loin du débat sur l'Accord du lac Meech. Mais le 23 février 1990 — était-ce un autre test de sa loyauté ? —, Brian Mulroney en fit son lieutenant politique au Québec, en remplacement de Marcel Masse. C'est sur lui, le tiède, que reposera désormais la lourde tâche de veiller sur les ouailles québécoises du caucus conservateur et de s'assurer qu'aucune ne quitte la bergerie fédérale. Il reste maintenant quatre mois avant la fin de la saga du lac Meech : l'affaire devient sérieuse...

Bouchard et ses collègues du Conseil des ministres — Benoît Bouchard, Gilles Loiselle, Marcel Masse en particulier — sont maintenant sous surveillance. Ils doivent faire approuver chacune de leurs déclarations publiques par « la machine », en particulier Paul Tellier, que Trudeau avait placé à la tête de son « commando de l'unité » pendant la campagne référendaire de 1980, et Norman Spector, un anglophone de Montréal. « Les pires ! » me dit Benoît Bouchard avec des sanglots dans la voix. Dans le cas de Lucien Bouchard, c'est presque en cachette qu'une de ses adjointes me remit à ce moment-là la transcription d'un discours qu'il avait improvisé, devant un groupe de Val-d'Or : « Notre itinéraire nous rapprochera encore une fois d'ici juin [1990] de notre ligne de fracture. Que l'on ne fasse pas l'erreur de croire que le ressort du Québec est cassé ! »

Le *loose canon* est de plus en plus difficile à contrôler ! Une déclaration en particulier sonne l'alarme dans le bureau du premier ministre à Ottawa. Lucien Bouchard a osé parler, dans une entrevue à Radio-Canada, de « souveraineté tranquille ». Que voulait-il dire au juste ?

« Le Québec a fait sa Révolution tranquille en 1960, "tranquille" parce qu'elle était tardive, m'expliqua-t-il. Après ça, il a essayé de faire l'indépendance, en se mobilisant, de façon agressive, et ça n'a pas marché. Après, tout le monde a pensé qu'il s'est endormi, qu'il est en train de ronfler tranquillement. Moi, je me dis que c'est peut-être maintenant que le Québec est le plus redoutable, parce que c'est comme ça qu'il fait les choses : comme il y a a 20 ans il a fait une révolution "tranquille", il se pourrait que maintenant, puisqu'il ne parle pas, qu'il est discret, qu'il n'y a pas de manifestations dans les rues, il se pourrait que le Québec prépare une souveraineté tranquille. »

Je passe beaucoup de temps en ce début de 1990 avec Lucien Bouchard, préparant un portrait qu'on m'avait commandé pour le magazine *L'actualité*. Je me souviens en particulier d'une cérémonie au *Devoir* marquant le quatre-vingtième anniversaire de la fondation du journal par Henri Bourassa. « La solitude, lorsqu'on nous l'impose et qu'on est plusieurs à la partager, a tendance à se transformer en solidarité », dit-il alors. Dans la foule des invités, les anciens du Parti québécois comme Denis de Belleval, Yves Duhaime, Jean-Roch Boivin, un peu tristes dans leur exil, l'observent attentivement.

Pour les péquistes qui n'ont jamais cru au « beau risque », la rupture entre Bouchard et le premier ministre du Canada n'est plus qu'une question de temps. « S'il pensait avoir des dettes envers Brian

Mulroney, ça fait longtemps qu'elles sont payées, s'impatiente Marc-André Bédard. Mais s'il veut revenir avec nous, le Canada anglais va s'organiser pour qu'il ne revienne pas en héros. »

Le 8 février 1990, j'accompagne, comme journaliste, le ministre de l'Environnement à Toronto : il est le conférencier vedette d'un cocktail organisé par le *PC Canada Fund*. Eh oui ! Lucien Bouchard prête encore son talent d'orateur aux bailleurs de fonds du parti de Brian Mulroney. L'un de ceux-là nous reconduit dans sa Mercedes à l'aéroport et lui parle de ce qu'il faudrait faire pour gagner les prochaines élections. Après une courte envolée vers Québec, nous passons une partie de la nuit dans sa limousine, sur la route dangereusement glacée du parc des Laurentides. Bouchard parle peu, il a l'air préoccupé.

Le lendemain soir, je comprends pourquoi. Nous passons plus de trois heures, seuls, dans ma chambre d'hôtel. J'ai commandé un souper et, assis sur le lit, nous tentons tant bien que mal de couper un steak plutôt coriace, nos assiettes posées sur un matelas fatigué. Lucien Bouchard, ministre du Canada, parle à l'imparfait, dresse un bilan de son séjour à Ottawa, tire un trait en quelque sorte...

« De Robert Cliche à René Lévesque et à Brian Mulroney, y a-t-il un dénominateur commun qui mène Lucien Bouchard quelque part ? » lui demandai-je. La réponse est longue, réfléchie, définitive... La transcription de notre conversation vaut la peine d'être relue aujourd'hui :

« Robert Cliche, commence Bouchard, c'était quelqu'un qui croyait que le fédéralisme était viable pour nous s'il ne nous aliénait pas, s'il avait un visage humain, s'il était social-démocrate et qu'il intégrait l'âme québécoise pour qu'elle puisse s'affirmer au sein du Canada. Il s'est trompé. Il n'a même pas été élu par le Québec. Lui, un des plus beaux talents politiques, une des âmes les plus généreuses, le Québec n'a pas cru en lui. Cliche, c'est aussi l'homme intérieur, la chaleur, le courage, la grande générosité et une sorte de vitalité incroyable qui est aussi celle du Québec. On parle toujours des Québécois comme de gens qui se sentent brimés dans leurs élans, qui traînent toujours cette espèce de carcan, qui portent leur réflexe d'humiliés. Mais le Québécois, c'est aussi Robert Cliche qui explosait de vitalité, de joie de vivre, à qui tout a semblé possible et qui a tout raté en politique. Robert Cliche, cela me montre les limites de la politique. Cela me montre que j'ai peut-être eu raison de ne pas y aller quand j'aurais dû, que ça ne vaut pas la peine, que la politique ne nous mérite pas...

« René Lévesque, c'est un Cliche qui a réussi, qui a été élu au Québec, a été reconnu par les siens. Un social-démocrate lui aussi, mais qui a voulu faire au Québec ce que Robert Cliche voulait faire à Ottawa. Il s'est presque rendu jusqu'à la Terre promise pour se faire briser dans son élan et celui des Québécois vers l'indépendance. Il ne s'en est jamais remis. Et puis, il a également été brisé par quelque chose de pas très honorable du côté des fédéralistes quand ils se sont ligués pour le bloquer : les trucs, les petits complots nocturnes, un groupe d'un bord de la rivière et un autre groupe de l'autre bord, et on se fait une petite réunion sans les convoquer en se disant : " Laissez-les tomber, c'est entre nous, déchirez votre entente avec eux... " C'est pas très honorable tout ça, ça ne s'est pas réglé à la clarté du grand jour. Lévesque, c'était un homme généreux, incapable de petits calculs, qui avait confiance dans les autres et qui a été brisé... René Lévesque, c'est une leçon en politique : il ne faut pas être trop naïf, il faut faire confiance mais jusqu'à un certain point seulement. Ce fut une grande leçon de courage aussi...

— Et de deux ! ne puis-je m'empêcher de lancer. Robert Cliche et René Lévesque ont échoué. Brian Mulroney sera-t-il le troisième ?

— Je ne peux pas en parler pour l'instant, répond le ministre.

— Vous ne *voulez* pas en parler ?

— Ben non !

— Tout de même, pour Lucien Bouchard, y a-t-il un lien entre Brian Mulroney et Lévesque ?

— Le lien, c'est l'idée que je me fais des progrès que doit faire le Québec sur la voie de son identité. On ne peut pas vivre comme ça tout le temps, dans un paysage politique dont on se sent exclus, toujours en porte-à-faux par rapport aux autres, pas compris d'eux. On ne peut pas continuer comme ça : il faut qu'ils nous acceptent comme on est. Et Mulroney c'est ça, quelqu'un qui est allé à Ottawa à la tête d'une délégation de nationalistes, pas des agressifs, pas des fanatiques mais des gens de bon sens, issus de leur milieu, d'un peu partout dans les régions du Québec. Mulroney, c'est celui qui a été porté au pouvoir par le Québec pour aller tenter de façonner le visage du fédéralisme d'une façon telle que ce soit un peu plus hospitalier pour nous. Il n'a pas cultivé des amitiés au Québec pendant 30 ans dans l'idée de les faire passer à la caisse un jour. Ce que Lévesque lui-même n'aura pas pu expliquer au Canada anglais, les francophones du Québec ont pensé que Mulroney, lui qui parle bien l'anglais, qui est un anglophone lui-même, pourrait l'expliquer. C'était assez logique dans le fond d'élire Mulroney à Ottawa. Il a reçu notre message, il l'a assumé et il est allé leur dire : " Vous voyez ce que veulent les Québécois, ce qu'ils sont. Vous aussi vous devez faire un geste envers le Québec maintenant, et on va faire la réconciliation du pays. " C'était une démarche politique très acceptable, très légitime, la seule qui pouvait être entreprise à l'époque. Mais c'était tout un test pour le Canada anglais ! Le pire, c'est que Mulroney non plus, ça marche pas...»

La phrase s'arrête là, sur des points de suspension : Lucien Bouchard vient de se souvenir qu'il est ministre et se met plutôt à parler de l'environnement, de son séjour à Paris, de son fils. La « confession » est terminée. Mais je ne suis pas dupe : ce 9 février 1990, le « beau risque » est terminé.

« Et de trois ! » aurais-je pu ajouter.

C'est aussi à cette époque que le groupe parlementaire conservateur du Québec se casse en deux. D'un côté Lucien Bouchard et une poignée d'autres députés préparent leur sortie, commencent discrètement à en discuter avec Jacques Parizeau et son lieutenant, Bernard Landry. La majorité des autres suivront Mulroney jusqu'au bout. « Je ne suis pas sûr que le Canada souhaite qu'on s'en aille, me dit Benoît Bouchard, qui remplacera Lucien comme lieutenant politique du premier ministre au Québec. Les Québécois eux-mêmes sont profondément déchirés. C'est pour cela que le séparatisme ne veut plus rien dire : il oppose, d'une façon irréconciliable, des intérêts à des rêves...»

Les élus québécois à Ottawa vont devoir choisir entre deux Bouchard : Benoît ou Lucien. Le premier s'accrochera « malgré les pressions énormes de ma famille, de mes fils, de mon entourage, me confie-t-il : il ne faut quasiment plus que j'aille au Lac-Saint-Jean ».

Mulroney le récompensera de sa loyauté avec la même ambassade que celle qu'il avait offerte au second pour le convaincre de s'engager en politique fédérale. Quant à Lucien Bouchard, on l'accuse d'avoir soigneusement planifié ses dernières semaines à Ottawa de façon à torpiller l'Accord du lac Meech. Il proteste : « J'ai tendu toutes mes énergies pour voguer et atterrir en douceur sur la plage le 23 juin [1990], me raconta-t-il quelques mois plus tard. Je voulais être capable, durant l'été, de réfléchir tranquillement. Contrairement à Benoît qui s'est pété les bretelles, j'avais espéré aller avec Mulroney jusqu'au bout de l'Accord du lac Meech, pour qu'on n'y touche pas. »

Audrey Best, qui n'a pas le même intérêt que son mari à récrire l'histoire, m'a elle-même confirmé : « Je sentais ça venir, je voyais bien qu'avec le conflit sur le projet de loi 178 [sur l'affichage commercial au Québec] et l'Accord du lac Meech qui allait tomber à l'eau, ça allait mal ! La décision de Lucien était seulement de démissionner et de retourner à la pratique du droit, à Montréal ou à Chicoutimi : on pensait surtout aux implications financières, aux conséquences sur le train de vie. »

Il en sera autrement car Brian Mulroney se croit encore capable de sauver l'Accord du lac Meech. « C'est l'instinct du négociateur qui a prévalu, croit Bouchard : « *We should try to move the furniture around* », comme il dit.

Le 13 février 1990, le sénateur Lowell Murray, ministre des relations fédérales-provinciales, termine une tournée des provinces. Ce qu'il en ramène n'est guère encourageant : le Nouveau-Brunswick tient toujours à un amendement à l'Accord du lac Meech donnant l'obligation au gouvernement fédéral de faire la

« promotion » des droits des minorités de langue officielle dans l'ensemble du pays. Qu'Ottawa vienne au
secours des francophones de l'extérieur du Québec,
l'ancien secrétaire d'État qu'était Lucien Bouchard
pouvait facilement comprendre ça. Mais Ottawa faisant
la promotion de l'anglais au Québec ? « Jamais le caucus du Québec n'acceptera cela », répétait-il à Brian
Mulroney.

Il y avait aussi le Manitoba dont le premier ministre
conservateur, Gary Filmon, minoritaire, craignait
l'opposition farouche du chef des libéraux, Sharon
Carstairs. C'est après l'avoir rencontrée à Winnipeg que
l'ancien ministre Marc Lalonde m'avait assuré que
l'opposition à l'Accord du lac Meech viendrait des
provinces.

Et puis, il y avait Clyde Wells. Devenu premier
ministre depuis le 5 mai 1989, il ne démordait pas de
son opposition et menaçait de faire annuler le vote favorable pris par le parlement de Terre-Neuve en juillet
1988. Pierre Trudeau avait ses entrées dans son bureau
puisque un an plus tard, il reconnaîtra officiellement la
paternité de l'enfant de la principale conseillère de
Wells en matière constitutionnelle, Deborah Coyne.

Bref, il fallait faire quelque chose, noyer le poisson
en quelque sorte en diluant la portée de cet accord qui
soulevait la colère à travers le pays. Comme Brian
Mulroney avait promis à ses députés québécois de ne
jamais reculer, quelque brillant stratège à Ottawa ima-
gina un mouvement en deux temps : le premier
ministre du Nouveau-Brunswick présenterait, le
21 mars, une « Résolution d'accompagnement » qui
devrait rendre l'adoption de l'Accord du lac Meech plus
acceptable. On avait oublié de prévenir Bouchard de la
deuxième partie de l'opération, c'est-à-dire de la cons-

titution d'un comité spécial de la Chambre des communes chargé de l'étudier et, au bout du compte, de le légitimer.

« Quand Mulroney a fait son discours à la télévision [le 22 mars] pour annoncer le dépôt de la résolution de McKenna aux Communes, j'étais à Vancouver pour la conférence internationale, *Globe 90*, raconte Bouchard. J'ai appris ça à la télévision : je me suis rendu compte que ce n'était plus moi qu'ils consultaient mais Chrétien et [Eddie] Goldenberg [son conseiller spécial]. Moi, j'étais juste bon pour défendre la patente des autres.» [C'est seulement le 25 mars à Ottawa, au cours d'un dîner chez Camille Guilbault qui réunit aussi Pierre Blais, ministre de la Consommation, et Jean Charest qu'on discute de la nomination de ce dernier à la présidence du Comité parlementaire.]

Furieux, le ministre téléphone à sa mère. « C'est fini, Lucien, lui dit-elle. Il est maintenant temps pour toi de revenir au Québec.»

« Si le caucus du Québec, Mulroney en tête, juge que le rapport du comité spécial altère l'Accord du lac Meech, le modifie ou le rend non conforme aux intérêts du Québec, prévient Bouchard, il n'y aura pas de vote aux Communes qui isole le Québec. Il n'y en aura jamais !» Quelques députés — dont François Gérin de Mégantic-Compton-Stanstead et Louis Plamondon de Richelieu — réclament un boycott du comité par les députés québécois. Ce serait difficile puisque l'idée de nommer Jean Charest à sa tête vient de Brian Mulroney. Il le confirme, le soir même, à une réunion du groupe parlementaire québécois plutôt houleuse.

Pour appuyer la résistance de Lucien Bouchard et des progressistes-conservateurs du Québec à Ottawa, l'Assemblée nationale adopte, le 5 avril 1990, à l'unanimité des libéraux et des péquistes, une résolution rejetant la proposition de Frank McKenna et réaffirmant son appui à l'Accord du lac Meech, « tel quel ». La réplique ne se fait pas attendre.

Elle vient de Terre-Neuve, dès le lendemain : l'Assemblée législative renverse le vote du 7 juillet 1988 et retire son consentement à l'Accord du lac Meech. Cela rappelait étrangement l'attitude de Gary Filmon au Manitoba qui suspendait lui aussi tout débat sur l'Accord le lendemain du dépôt de la loi sur l'affichage commercial au Québec. Ce ne sont donc pas les premiers ministres du Canada anglais qui trahissent leur parole ou leur signature, ce sont les Québécois qui ne savent pas se conduire !

Le ministre de l'Environnement est à Québec ce jour-là pour annoncer la signature d'une entente entre le gouvernement fédéral et celui du Québec sur l'aménagement d'un parc marin dans le Saguenay. « Terre-Neuve a répudié la signature de son premier ministre et arraché une page de décision prise par son Parlement, fulmine Lucien Bouchard. On peut imaginer une situation où le Canada anglais aura à choisir entre Québec et Terre-Neuve. »

Le ministre des Affaires intergouvernementales canadiennes, Gil Remillard, en remet : « Le Canada peut très bien survivre sans Terre-Neuve. » Et le député conservateur de Saint-Maurice [le comté de Jean Chrétien !], Denis Pronovost, vice-président des Communes, traite Clyde Wells de « malade mental qui ne vaut pas cher la tonne, un illuminé qui n'est pas fort du haut des épaules » !

La situation devient incontrôlable. Quelques jours après, à la Chambre des communes, Lucien Bouchard est pris à partie par un député de Terre-Neuve, Brian Tobin, qui veut l'obliger à répéter ses propos : « Le ministre n'a pas d'échine, c'est un lâche. »

« Allons régler ça dehors », réplique Bouchard en serrant les poings.

Les libéraux fédéraux sont en pleine campagne pour le choix d'un nouveau chef à ce moment-là. La question du Québec est au cœur des débats et c'est au candidat qui se montrera le plus ferme. L'un d'eux justement, John Nunziata, de Toronto, reproche à Lucien Bouchard ses propos sur Terre-Neuve et le traite de « raciste ». Quant aux séparatistes, ils sont des « traîtres ». Jean Chrétien, qui est présent, n'arrange rien en disant que le gouvernement fédéral aurait pu invoquer le Code criminel et accuser les souverainistes du crime de « sédition », en mai 1980 !

Bouchard une fois de plus s'emporte mais réussit au moins à faire applaudir, en pleine Chambre des communes, la mémoire de René Lévesque, « un grand démocrate, un homme dont tout le Canada devrait apprécier le caractère pacifique et qui mérite notre respect ». C'est l'un de ses derniers jours au parlement fédéral, mais il ne le sait pas encore...

Le week-end suivant, les députés conservateurs sont réunis au mont Tremblant. Tout le monde se passe une copie du journal *Le Devoir* dans laquelle on fait état de confidences de Bernard Landry : entre 20 et 25 députés conservateurs seraient prêts à quitter leur parti et à siéger comme indépendants « pro-Québec ». Le numéro deux du Parti québécois exagère un peu mais il y a un fonds de vérité à cette histoire. Jacques Parizeau et Landry sont de moins en moins discrets et multiplient leurs contacts à Ottawa. Leur pari est que l'Accord du lac Meech sera rejeté et que les membres de l'aile nationaliste du parti de Brian Mulroney claqueront la porte. « Il va falloir foutre le bordel au Canada », disent-ils.

Lucien Bouchard réfute les allégations de Bernard Landry. Lui, le ministre responsable des affaires du parti au Québec, n'a entendu parler de rien. Il assure Brian Mulroney que les députés québécois attendront le 23 juin avant de faire quoi que ce soit mais réclame, une fois de plus, que l'Accord du lac Meech soit adopté « tel quel ».

Dans ses mémoires, Lucien Bouchard parle d'« une ou deux conversations téléphoniques » qu'il eut avec Mulroney à ce moment-là. En fait, il oublie qu'ils passent toute la soirée du mardi 8 mai ensemble. Le premier ministre et son ministre assistent à un dîner, au *Ritz Carlton* de Montréal, organisé pour souligner le quinzième anniversaire de la Commission Cliche. Et Mulroney offre un siège à Bouchard sur l'avion de retour à Ottawa. Une chose est sûre, les deux hommes ont eu amplement le temps de se parler durant cette période.

Lucien Bouchard a aussi d'autres choses en tête. Une importante conférence internationale doit se tenir à Bergen, en Norvège, à la mi-mai. Une cinquantaine de pays doivent y discuter de la réduction des normes d'émission de gaz carbonique, principal responsable du réchauffement de la planète.

Avant de partir, Bouchard téléphone encore une fois à Brian Mulroney pour lui annoncer, tout fier, qu'Alexandre avait obtenu son premier passeport canadien. Ce n'est pas tellement le geste d'un homme qui s'apprête à démissionner de ses fonctions de ministre fédéral !

Il rencontre aussi Paul Tellier qui lui fait part de l'avancement des travaux du comité présidé par Jean Charest.

« Pensez-vous pouvoir convaincre le groupe des députés québécois d'accepter une modification permettant au gouvernement fédéral de faire la promotion des droits des minorités ? demande encore une fois le greffier du Conseil privé.

— Je ne serai jamais capable de vous livrer ça, répond Bouchard. Moi-même, je ne l'accepterai jamais.

— Le premier ministre met beaucoup de pression, il veut que ça se règle, insiste Tellier. Et puis, l'appui de Jean Chrétien serait très important...

— Mettre Chrétien dans le coup ? C'est inacceptable !» conclut Bouchard en se disant que son « ami Brian » n'osera jamais aller jusque-là.

C'est pourtant ce qui était en train de se passer !

Pendant son voyage entre Montréal et Bergen, le ministre retrouve dans son porte-documents une vieille lettre à laquelle il avait oublié de répondre. C'était une invitation de l'association du Parti québécois de la circonscription de Lac-Saint-Jean, le comté de Jacques Brassard. Un conseil général du Parti québécois devait se tenir à Alma pendant le week-end du 20 mai, auquel Bouchard était invité. La réunion devait marquer le dixième anniversaire du référendum du 20 mai 1980 sur la souveraineté-association. Bouchard n'avait jamais eu l'intention d'y participer mais il se disait que, comme député fédéral de la région et ministre politique du Québec, il pourrait avoir la courtoisie de souligner l'événement par un télégramme de bienvenue dans son comté.

Arrivé à Bergen, le ministre retrouve l'ancien président du Parti québécois, Pierre-Marc Johnson, qui avait siégé à un comité d'experts préparant un projet de résolution sur les émissions de gaz carbonique. Bouchard le jugeait trop timide : il voulait que la conférence se prononce, dès l'an 2000, pour l'élimination complète de toute émission de gaz carbonique. Au cours d'un dîner, les deux hommes discutent des mérites de leurs positions respectives. Et la question du dixième anniversaire du référendum tombe sur la table : Johnson recommande la prudence au ministre fédéral. Lucien Bouchard quitte la conférence le mercredi 16 mai, avant même qu'elle ne soit terminée mais après avoir rallié une majorité de pays à sa position. Il a hâte de rejoindre sa femme et son fils qui l'attendent à Paris. Un conseiller politique de l'ambassade canadienne, Marc Lortie, qu'il avait connu alors que celui-ci était secrétaire de presse de Brian Mulroney, l'accueille dans son appartement de fonction. À son arrivée, Bouchard reçoit un appel de Camille Guilbault, responsable des relations avec le groupe conservateur du Québec au Parlement. Le rapport de Jean Charest, dont la publication est prévue pour le lendemain, est déjà à l'imprimerie.

« Il y a peut-être des affaires là-dedans que vous devriez regarder, commence prudemment l'adjointe de Mulroney.

— Envoie-le-moi tout de suite », l'interrompt Bouchard, s'attendant au pire.

Il n'aime pas du tout ce qu'il voit dans le rapport qui, à toutes fins pratiques, endosse entièrement la proposition du Nouveau-Brunswick. « J'admets que j'étais fatigué après avoir tenu le fort pendant deux mois, raconte Bouchard. Mais à la lecture du rapport, j'ai eu l'impression d'avoir été trahi. Et, en plus, c'était mal écrit cette affaire-là : un rapport fait par des enfants de quatrième année ! »

On est vendredi à Paris et Lucien Bouchard rumine sa colère. Soudain, il se souvient de la réunion du PQ à Alma. Il ne peut pas repousser davantage la rédaction du télégramme. David Cliche, fonctionnaire fédéral à l'Environnement qui accompagnait Bouchard à Bergen mais était rentré avant lui au Canada, devait servir de courrier et attendait le message. « Là, j'ai mis le paquet ! » reconnaît-il. Adressé aux « chers compatriotes de partout au Québec » plutôt qu'aux seuls militants du PQ réunis à Alma, le télégramme souligne le dixième anniversaire « d'un temps fort de l'histoire » :

« Le référendum nous concerne tous très directement comme Québécois. Sa commémoration est une autre occasion de rappeler bien haut la franchise, la fierté et la générosité du oui que nous avons alors défendu, autour de René Lévesque et de son équipe. La mémoire de René Lévesque nous unira tous en fin de semaine. Car il a fait découvrir aux Québécois le droit inaliénable de décider eux-mêmes de leur destin. »

Brian Muroney, maniaque de bulletins de nouvelles, a ouvert une petite radio portative dans le salon de sa résidence officielle. Il entend la voix de Jacques Parizeau lire le télégramme de son lieutenant politique. Il pâlit. Il a compris... Le reste n'est plus que mise en scène et déclarations publiques : les uns et les autres cherchent à sauver la face.

Le samedi soir, Paul Tellier réussit enfin à rejoindre Lucien Bouchard à Paris. Il suggère au ministre de faire une mise au point, pour adoucir la portée du télégramme. « Je tombais des nues parce que moi je faisais mon *trip* sur le rapport Charest, m'a raconté Bouchard. Là je lui ai passé toute une dégelée à Paul :

— Penses-tu que je vais compromettre tout ce que j'ai fait depuis cinq ans pour un télégramme ? » crie-t-il au téléphone. Il gèle en plus parce que, sortant de la douche, il est à demi nu dans la cuisine des Lortie et dégouline d'eau savonneuse sur le plancher de la cuisine. « J'ai fait bien pire que ça depuis que je suis au cabinet! poursuit-il. C'est pas le télégramme qui est important, c'est le rapport, le rapport Charest, le petit tas de merde de Jean Chrétien.» Le ministre doit rentrer au Canada le lendemain, dimanche. Dans l'avion, il croise Marc Lalonde qui lui vante justement les mérites du rapport Charest. Cela n'arrange rien à sa mauvaise humeur. Il est surtout blessé que Brian Mulroney lui-même n'ait pas cherché à le contacter à Paris. Sa décision est prise : il démissionnera immédiatement.

Le lendemain matin, réveillé dès cinq heures à cause du décalage horaire, il se dit : «Bouchard, tu as une grosse journée devant toi. Rappelle-toi du temps des négociations, ils vont en imaginer des stratagèmes pour briser ta résistance. Tu en sais quelque chose, tu en as assez fait pleurer de gens!» Comme s'il voulait que l'irrémédiable s'accomplisse immédiatement, il commence à rédiger de sa main une longue lettre de six pages, bien connue certes, mais dont il convient de citer quelques extraits :

> Quand je suis entré en politique active, tous les chefs de gouvernement du pays avaient accepté de vous suivre sur la voie de la réconciliation nationale. Tous avaient compris que cette voie passait d'abord et avant tout par un geste de réparation que l'ensemble du pays devait poser à l'endroit du Québec, ostracisé par le coup de force de M. Pierre Elliott Trudeau. À l'issue d'une négociation serrée, l'Accord du lac Meech a fixé les conditions de l'adhésion du Québec à la Constitution. Ces conditions, tout le monde au Québec les a trouvées bien minces. Elles ont même fait dire à plusieurs que le Québec effaçait à trop bon compte la vilenie de

1982. Mais au fond d'eux-mêmes, les Québécois avaient le goût de tendre la main [...] S'armant de patience, ils ont largement appuyé le premier ministre Bourassa quand il a réduit jusqu'à l'os le prix du pardon du Québec et de son retour dans la famille constitutionnelle. J'ai fait le pari que les signatures fraîchement apposées au bas de l'Accord du lac Meech seraient respectées. Mais comme tous les Québécois, j'ai assisté avec une consternation et une tristesse grandissantes aux réactions qui se sont manifestées dans l'ensemble du Canada anglais, à l'encontre de l'Accord[...] Et comble de l'ironie, d'autres provinces, répudiant les signatures de leur premier ministre, y sont allées de leurs réclamations. Ce qu'on appelle " la liste d'épicerie ". C'est donc avec stupeur que j'ai appris que [le] rapport [du comité présidé par Jean Charest] propose, comme base de discussion, une liste de quelque 23 modifications dont plusieurs changent l'essentiel des conditions de l'Accord. À partir du moment où notre politique officielle est de ne pas isoler le Québec et de faire ratifier Meech tel quel, il est contradictoire et éminemment dangereux de soumettre à la discussion des positions qui modifient cet Accord. Le gouvernement du Québec ne pourra souscrire à ces propositions. J'en suis sûr, autant que je l'espère [...] Je rejette ce rapport et me refuse aussi à lui donner la caution de mon silence. J'éprouve en conscience l'obligation de me retirer de votre gouvernement... Je n'épiloguerai pas sur la difficulté que j'éprouve à prendre cette décision.

Elle blesse une amitié très ancienne et maintes
fois éprouvée [...]
Je reste en politique fédérale, à tout le moins le
temps d'une réflexion. Je crois profondément
qu'il faut repenser ce pays. Les Québécois en
particulier doivent redéfinir le degré, les
structures et les conditions de leur participation
à l'ensemble canadien. Pour moi, cette participation, qu'on l'appelle associative, confédérative
ou autrement, requiert une autre négociation :
une vraie celle-là, portant sur des enjeux fonda-
mentaux. Authentique, cette négociation devra
l'être aussi par la vigueur du ressort qui en
tendra la dynamique. Autrement dit, il faudra
désormais discuter à partir d'une position de
force. *Seul un État québécois, démocratiquement
nanti d'un mandat clair, fondé sur la récupération de ses pleines attributions, disposera de
l'autorité politique nécessaire pour négocier
l'association canadienne de demain...* »

Pendant que ses adjoints commencent à retaper la
lettre et à la faire traduire, Lucien Bouchard se rend
chez Paul Tellier. Le greffier tente de le convaincre de
ne pas démissionner avant le 23 juin, pour donner au
moins une chance à Brian Mulroney de sauver l'Accord
du lac Meech. « Vers 16 heures, me raconte Bouchard,
j'étais fatigué. Je n'avais pas mangé et j'avais hâte de
retourner à mon bureau pour signer ma lettre de
démission. Soudain, Tellier m'annonce qu'un de mes
amis veut me voir. Comme c'était jour de congé à
Ottawa, il va le chercher lui-même au rez-de-chaussée
de l'édifice. »
Lucien Bouchard, seul pour quelques instants,
tourne en rond dans le bureau du greffier du Conseil

privé. Les doutes l'assaillent. Il se demande s'il ne va pas un peu loin. Après tout, l'accueil au rapport Charest est presque unanime : pourquoi, lui aussi, ne l'accepte-t-il pas ?

« Soudain, je vois, accrochée au mur, une plaquette, ce genre de trophée qu'on donne à quelqu'un qui vient de faire un abat au jeu de quilles. Je m'approche. C'était un tribut que les employés du Centre d'information sur l'unité canadienne avaient remis à Tellier après la campagne référendaire de 1980. Le texte était louangeur et se terminait ainsi : " Il a été la cible favorite des séparatistes ". »

Le pauvre Bernard Roy, car c'était lui qui demandait à le voir, envoyé spécial de Brian Mulroney, passa un mauvais quart d'heure ! Bouchard lui montra la plaquette : « Ces câlisses-là sont les ennemis historiques du Québec ! Mulroney, mon *chum* qui m'a amené en politique, il ne m'écoute plus. Mes discours, il n'est plus intéressé à les avoir. Il est même en train de déraper et il *deale* avec les gars qui ont mis le Québec à genoux, les amis de Chrétien. Ah ben ! Tabarnak... »

Quand il s'emporte, Lucien Bouchard peut être d'une grossièreté surprenante...

Sa rencontre avec Brian Mulroney, vers 20 heures, est plus intime. Plus sombre aussi. Le premier ministre tente de le convaincre de rester au moins membre du groupe conservateur au Parlement. Lucien Bouchard n'en voit pas l'utilité, craint même que cela ne permette aux observateurs du Canada anglais de dire qu'il s'est fait chasser du cabinet fédéral, comme tant d'autres ministres québécois avant lui.

Le lendemain, mardi soir, le premier ministre assiste exceptionnellement à la réunion hebdomadaire de ses députés québécois. « Ce fut un instant dramatique », m'a raconté Benoît Bouchard qui dut improviser quelques mots pendant que Brian Mulroney, la tête entre les mains, éclatait en sanglots. Lucien Bouchard et Mulroney ne se sont plus parlé depuis. L'auteur Peter C. Newman raconte dans *The Canadian Revolution* que l'ancien premier ministre a demandé à sa femme d'interrompre ses funérailles si Lucien Bouchard s'y présentait et de lui demander de sortir avant de reprendre la cérémonie. Dans la nuit de décembre 1994 où la maladie faillit emporter Bouchard, cependant, Mila Mulroney a fait parvenir un mot de sympathie à Audrey Best. La rupture n'est peut-être pas tout à fait définitive entre les deux amis de l'Université Laval...

Ayant entretenu des rapports très courtois avec les dirigeants socialistes de la France, Lucien Bouchard informa le président François Mitterrand et l'ancien premier ministre Michel Rocard de sa démission. « Votre texte respire une grande noblesse de plume et de pensée », répond Rocard à l'ancien ministre, dans une lettre manuscrite qui parvint à son bureau de la Chambre des communes le 18 juin. Le leader socialiste, qui fut premier ministre de Mitterrand de 1988 à 1991, n'a jamais caché sa sympathie pour la cause souverainiste et profite des circonstances pour la réitérer : « Le citoyen français, écrit-il à Lucien Bouchard, l'ami du Québec que je suis d'autre part et toujours, heureux de devoir à votre confiance et à votre amitié la communication d'un document aussi éclairant, accompagne de ses vœux votre démarche courageuse pour la pleine reconnaissance de l'identité et des droits du Québec. »

Pour Bouchard, la vie à Ottawa est bel et bien finie. Il compte démissionner au cours de l'été. L'idée d'un Bloc québécois à la Chambre des communes, lancée depuis quelques semaines par François Gérin, ne l'enchante pas du tout. Comme me l'a dit Audrey Best : « Il allait retourner pratiquer le droit à Montréal ou à Chicoutimi. Mais c'est le discours à la chambre de commerce de Montréal, le lendemain de sa démission, qui a déclenché quelque chose...»

Lucien Bouchard avait été invité depuis plusieurs semaines, en tant que ministre de l'Environnement, à y prononcer un discours. Maintenant qu'il avait quitté le gouvernement, il voulait se faire remplacer par un autre ministre mais la chambre de commerce insistait et il décida de parler de Constitution plutôt que de développement durable...

Le milieu des chambres de commerce n'est pas particulièrement favorable aux états d'âme souverainistes. Et les grands coups d'éclat comme celui que Lucien Bouchard venait de faire la veille à Ottawa lui répugnent. Bouchard s'attendait au pire... Quand il entra dans la salle de bal du *Reine-Élisabeth*, les 630 personnes se levèrent et l'accueillirent avec une interminable ovation. Lucien Bouchard n'avait pas de notes mais les termes de sa lettre de démission étaient encore tout frais à sa mémoire. À trois reprises, les gens d'affaires l'interrompent et l'ovationnent longuement. « Il dit ce que nous voudrions tous dire tout haut », résume un vice-président de Provigo. « Du jamais vu à la chambre de commerce depuis les visites de Lévesque ou de Pierre Bourgault », commentent les observateurs.

Vingt-quatre heures après sa démission, Lucien Bouchard ne se contente plus de dénoncer. Il parle déjà d'avenir. Il tend la main à Robert Bourassa, parle d'une « commission non partisane » qui définirait les termes de la souveraineté du Québec. Ses conclusions seraient soumises au peuple du Québec dans un référendum où les deux partis de Bourassa et de Jacques Parizeau se retrouveraient dans le camp du oui. « Le mandat qui a été refusé à René Lévesque, c'est celui-là qu'il nous faut pour négocier d'égal à égal », me dit-il alors. Pas de doute, quand on connaît la suite, que Robert Bourassa devait écouter attentivement ! Comme dit Audrey Best, le discours à la chambre de commerce « a déclenché quelque chose » ! Bouchard avait promis à Brian Mulroney de ne pas faire de maraudage dans le groupe des députés québécois. Il se tient effectivement à l'écart des tractations de François Gérin, encouragées par Jacques Parizeau et Bernard Landry pour faire démissionner le plus grand nombre possible de députés progressistes-conservateurs.

Quant à Bouchard, il mobilise. « Ce n'est pas rien que l'avenir d'un gars de 51 ans qui veut retourner pratiquer le droit et faire de l'argent qui est en cause, me confie-t-il alors. C'est une famille que j'ai créée maintenant avec un enfant, d'autres j'espère, pour qui ça vaut la peine de se battre. Et puis, toute cette mobilisation des dernières années, la génération des Lévesque et de ceux qui l'ont entouré, qui ont donné 20 ans de leur vie : quand je les rencontre aujourd'hui, ils sont un peu tristes. Il faudra bien que tout cela serve à quelque chose, hein ? Ce serait vraiment épouvantable que tout cela finisse en queue de poisson, sur un discours de Jean Chrétien le 24 juin ! »

Il ne croyait pas si bien prédire l'avenir...

3 juin 1990.

RECEIVED - REÇU
JUN 18 1990
HOUSE OF COMMONS
Chambre des Communes

Le Premier Ministre

Monsieur Lucien Bouchard.
Député fédéral
Ottawa
Canada.

Monsieur le Ministre et cher ami,

J'ai été très sensible à l'envoi de la copie de votre lettre de démission, et au mot personnel qui l'accompagnait.

Votre texte respire une grande noblesse de plume et de pensée, en même temps qu'il apporte une grande clarté à la présentation des antagonismes que vivent actuellement le Québec et le Canada anglophone.

Le Premier Ministre de la République Française ne peut que s'attrister de voir les amis francophones et anglophones de son pays avoir tant de difficultés à trouver entre eux un modus vivendi qui respecte pleinement leurs identités respectives et s'engager de ce fait dans une confrontation aux résultats aléatoires.

Le citoyen français, l'ami du Québec, que je suis d'autre part et toujours, heureux de devoir à votre confiance et à votre amitié la communication d'un document aussi éclairant, accompagne de ses vœux votre démarche courageuse pour la pleine reconnaissance de l'identité et des droits du Québec.

Croyez, Monsieur le Ministre et cher ami, en ma très fidèle amitié.

M. Rocard

Fac-similé de la lettre de Michel Rocard à Lucien Bouchard. (Voir page 153)

CHAPITRE 9

L'EXIL

Lucien Bouchard ne manque pas de tribunes après sa démission du cabinet fédéral. Lui qui a écrit tant de discours pour les autres, il parle maintenant sans notes, improvise, s'emporte à l'occasion. Il ne tente plus de convaincre le Canada anglais des vertus de la réconciliation, mais il appelle plutôt les Québécois à la revanche. Enfin rentré dans ses terres, « entre nous autres », dirait-il, les foules lui réservent d'immenses ovations. En un mot, il se laisse maintenant aimer... Et il use au besoin de toute la séduction dont il est capable pour que cela prenne les accents de la passion !

Le 27 mai 1990, l'association du Parti progressiste-conservateur de sa circonscription de Lac-Saint-Jean a organisé un déjeuner-bénéfice. Sept cents personnes se sont déplacées à Alma, des progressistes-conservateurs pour la plupart, les troupes de Brian Mulroney ! Lucien Bouchard n'a que de bons mots pour le premier ministre qu'il vient de laisser tomber, son beau risque à lui, « le meilleur champion des droits des Québécois ».

L'ennemi du jour, c'est Jean Chrétien, « le cadeau d'adieu du Québec au Canada » ! Bouchard sait très bien que « ce matraqueur des aspirations des Québécois » sera élu, d'ici la fin du mois suivant à Calgary, chef du Parti libéral du Canada. Ses vrais adversaires, ce sont maintenant les libéraux, pas ces progressistes-conservateurs qui sont à ce moment-là devant lui, à l'applaudir à tout rompre. Brian Mulroney a deviné tout cela aussi. Il a convoqué les premiers ministres le dimanche 2 juin, pour un dîner de travail dans le grand hall du Musée des Civilisations à Hull. Quelques chefs de gouvernement s'y sont présentés avec une toute petite valise et ont réservé leur avion de retour pour le lendemain. Ils passeront la semaine à Ottawa : c'est bien la première fois qu'on voit d'aussi célèbres personnages acheter eux-mêmes caleçons, chemises et chaussettes dans les boutiques du Centre Rideau, juste de l'autre côté du Centre des conférences, où s'est déplacée la réunion le lundi matin.

Officiellement, les premiers ministres étudient le rapport Charest dans le plus strict huis clos d'une salle de réunion sans fenêtre, au cinquième étage du Centre. Tout est sur la table : les conditions de Robert Bourassa, la « liste d'épicerie » des autres premiers ministres, en particulier la réforme du Sénat à laquelle les provinces de l'Ouest tiennent tant. « La démission de Lucien Bouchard a changé la donne », dit Brian Mulroney à ses collègues.

Lucien Bouchard est de l'autre côté de la rue, dans son bureau de ministre qu'il n'a pas encore voulu quitter. Son instinct de négociateur et sa méfiance pour Robert Bourassa le rendent nerveux. La conférence dure depuis trois jours maintenant et on parle de trocs invraisemblables : le droit de *veto* contre une demi-douzaine de sièges au Sénat. Bouchard m'appelle,

autant pour venir aux nouvelles que pour m'en donner
de son cru.
« Bourassa doit sortir de là au plus sacrant,
commence-t-il. C'est Meech tel quel et bonjour ! » Les
sondages suggéraient cependant à Robert Bourassa de
rester à la conférence et d'attendre, comme il me
l'expliqua lui-même, « que ce soient les autres premiers
ministres qui disent non et qu'ils me disent en quelque
sorte : " Vous êtes libre ". »
Lucien Bouchard ne tient même plus à ce « Meech
tel quel » qui ne constituerait « qu'une sorte de pont
temporaire sur la rivière ». Pour lui, l'avenir du Québec
n'appartient plus à Robert Bourassa ni à son gouvernement : « Il y a des gens très connus, dont moi, qui
vont travailler cet été, des gens qui ne sont pas des
excités ni des émotifs, des gens qui se rendent compte
que c'est le temps de définir le Québec de demain. »
Mais de qui et de quoi parle donc cet homme, seul
dans son bureau, entouré de boîtes de livres et de docu-
ments que les déménageurs du Gouvernement ont hâte
de transporter dans un autre bureau, tout petit, sous les
combles de l'édifice de l'ouest de la colline parlementaire ? Le contraste entre cet homme seul qui se mor-
fond dans son bureau en désordre et les 11 délégations
des premiers ministres assemblés de l'autre côté de la
rue Wellington, avec leurs dizaines d'adjoints, leurs
téléphones cellulaires et leurs ordinateurs portatifs, est
saisissant.
D'Ottawa, tel un chef en exil, Bouchard a déjà commencé à rassembler les chefs de file de la société
québécoise, à créer son propre club de réflexion, à se
rendre indispensable...
Pour quelqu'un qui avait prévu « voguer et atterrir
en douceur sur la plage le 23 juin 1990 », je le trouve

pas mal organisé en cette mi-juin. Le lac Meech n'est pas encore officiellement mort que, déjà, Lucien Bouchard courtise les veuves. Dans ses mémoires, il dresse la liste de « ces gens très connus » dont il me parlait le 6 juin : Gérald Larose de la CSN, Louis Laberge de la FTQ et Lorraine Pagé de la CEQ ; Claude Béland du Mouvement Desjardins et Jean Campeau de la Caisse de dépôt et placement, Denise Crête, de la Fédération des femmes, Jacques Proulx, de l'Union des producteurs agricoles, Serge Turgeon de l'Union des artistes. Des gens importants aussi puisqu'ils sont tous présidents de leurs organismes.

Discrètement, Lucien Bouchard est en train d'ouvrir un club de réflexion, conçu sur le modèle de ceux que les grands personnages de la politique européenne « en réserve de la République » constituent, pour les aider à traverser le désert de l'opposition. Ils sont tous là, les futurs « non-alignés » de la Commission sur l'avenir politique et constitutionnel du Québec [la Commission Bélanger-Campeau] de 1990-1991, et les « Partenaires pour la souveraineté » de la campagne référendaire de l'automne 1995.

Et ils prennent l'habitude de se réunir autour de Lucien Bouchard. Pas plus qu'à Robert Bourassa ni au gouvernement libéral, l'avenir du Québec n'appartiendra donc à Jacques Parizeau ni à un éventuel gouvernement du Parti québécois ! Mais j'anticipe...

Après six jours de tractations à huis clos, Brian Mulroney a réussi à arracher à ses collègues des provinces un accord de six pages plein d'annexes et d'ajouts aux trois pages déjà signées par les premiers ministres au lac Meech, trois ans plus tôt. Il y a même un astérisque à la fin, dessiné par Clyde Wells, dont un vote favorable de son assemblée législative ou de la population par référendum conditionnne l'appui.

Devant les caméras de télévision, tout ce beau monde chante *Ô Canada*. « Bourassa a bradé la légitimité morale et l'autorité historique de l'accord du 3 juin 1987 », fulmine Bouchard. Selon lui, l'accord signé par les 11 premiers ministres, même non ratifié par leur parlement, avait une valeur politique, peut-être même juridique. Quant à Mulroney, « il aurait dû tenir son bout : il a gâché le gain politique qu'il avait fait ». Dans la semaine du 17 au 24 juin 1990, le spectacle se déroule simultanément aux quatre coins du pays. À Calgary, les militants du Parti libéral du Canada se rassemblent pour choisir un nouveau chef. Paul Martin et Sheila Copps, deux des plus sérieux candidats, ne menacent pas vraiment Jean Chrétien qui court vers un couronnement. À Winnipeg, capitale du Manitoba, un député autochtone, Elijah Harper, refuse son consentement à l'adoption de l'Accord du lac Meech sans qu'on tienne des audiences publiques. Brandissant une plume d'aigle, symbole de son autorité de chef, il murmure un *no* à peine audible. À Ottawa, les réunions de crise du cabinet fédéral se multiplient. Brian Mulroney se rendra même à Terre-Neuve, le 21 juin, plaider une dernière fois en faveur de la résolution que Clyde Wells avait promis de soumettre aux voix des députés. Et à Québec, Robert Bourassa réfléchit, sur le toit de son *bunker*, à la façon dont il récupérera l'échec de trois ans de négociations constitutionnelles.

C'est ainsi que le vendredi 22 juin, toutes les lignes de communication par satellite sont retenues par les réseaux de télévision. Le peuple assiste en direct à l'arrivée d'Elijah Harper à l'Assemblée législative du Manitoba. Une femme lui tend une rose rouge. « *Thank you very meech* ! » dit le député qui s'en va, de son fauteuil de député et sans même se lever, prononcer un dernier *no* ! À Saint-Jean, Clyde Wells refuse de tenir sa promesse de soumettre l'Accord du lac Meech à un vote de ses députés ou de la population de la province. Et à Québec, Bourassa emprunte au général de Gaulle sa formule historique : « Quoi qu'on dise et quoi qu'on fasse, le Québec est d'ores et déjà et pour toujours une société distincte, libre et capable d'assumer son destin et son développement. »

Au *Saddledome* de Calgary, les discours des candidats à la direction du Parti libéral du Canada peuvent enfin commencer. Le lendemain, Jean Chrétien sera élu au premier tour de scrutin avec 2652 voix, 57 % des suffrages : c'est un plébiscite pour « le petit gars de Shawinigan ». Son opposition à l'Accord du lac Meech ne lui a pas fait beaucoup de tort, même parmi les délégués du Québec dont un petit groupe seulement porte un brassard noir en signe de deuil. Deux des 12 députés libéraux à la Chambre des communes, Jean Lapierre et Gilles Rocheleau, quittent le congrès et annoncent qu'ils abandonneront leur groupe parlementaire. Des recrues en perspective pour Lucien Bouchard donc.

« Visitez la Gaspésie ou regardez le baseball dans votre chalet », suggère Jean Chrétien aux Québécois. Moi, je décide plutôt de prendre un avion de nuit qui m'amènerait de Calgary à Montréal à temps pour le défilé de la Saint-Jean-Baptiste. Je ne voulais pas manquer un tel événement qui s'annonçait spectaculaire.

Gilles Loiselle non plus ne veut pas manquer ça. Le président du Conseil du Trésor dans le cabinet de Brian Mulroney dîne ce soir-là au *Ritz Carlton* de Montréal avec son ancien collègue, Lucien Bouchard. Il lui annonce qu'il participera avec lui et quelques autres députés conservateurs au défilé du lendemain.

Mais le 24 juin au matin, dans le taxi qui m'amène de l'aéroport de Dorval au centre-ville de Montréal, je demande au chauffeur d'ouvrir la radio : la Société Saint-Jean-Baptiste annonce que le défilé sera reporté au lendemain en raison du mauvais temps. Le peuple est peut-être « indigné » comme dit Lucien Bouchard, mais il reporte la manifestation de sa mauvaise humeur d'une journée à cause de quelques nuages menaçants et d'un vent un peu frisquet ! Passons...

Le 25 juin, il fait beau sur Montréal. Une immense vague de drapeaux bleu et blanc descend la rue Sherbrooke. Gilles Loiselle n'est pas là, pas plus que la plupart des députés conservateurs du Québec : Brian Mulroney et Benoît Bouchard les ont appelés, les uns après les autres, pour les convaincre de rester dans le rang.

Quelques jours plus tard, Lucien Bouchard dresse pour moi le bilan de ce mois de juin 1990 qui a décidé de son avenir : « Ils se sont organisés pour que l'Accord du lac Meech meure à Terre-Neuve plutôt qu'au Manitoba. En faisant ainsi porter l'odieux de l'échec par Clyde Wells, cela permet de tenir au Québec un discours que moi je suis le premier à utiliser et qui soulève les foules, que " ce sont les Canadiens anglais qui ont tout bloqué et non les Indiens ! " Double bonne conscience au Manitoba de ne pas avoir bloqué Meech et d'avoir été si démocratique pour les autochtones. Quelle hypocrisie ! Le Canada anglais est une passementerie d'hypocrisie... »

Mais il est encore un peu nostalgique de l'occasion manquée. « Il aurait fallu qu'ils ratifient cet Accord-là dès 1987, soupire-t-il. Cela aurait été formidable, le lancement de quelque chose de nouveau. Ils n'ont pas eu les tripes ni la générosité de le faire : ils vont le payer très cher et c'est moi qui vais être de l'autre côté de la caisse ! »

Après la mort de l'Accord du lac Meech, le nombre de députés indépendants monte jusqu'à huit à la Chambre des communes. Grâce aux coups de téléphone de Mulroney et de son lieutenant, Benoît Bouchard, six députés seulement ont quitté le Parti progressiste-conservateur — Lucien Bouchard, Gilbert Chartrand (Verdun-Saint-Paul), François Gérin (Mégantic-Compton-Stanstead), Nic Leblanc (Longueuil), Louis Plamondon (Richelieu) et Benoît Tremblay (Rosemont). Le 29 juin, ils se réunissent dans le bureau de Nic Leblanc, à Longueuil, et décident de former un groupe parlementaire dont le chef serait Lucien Bouchard. Les deux députés libéraux, Lapierre et Rocheleau, déjà en rupture de ban avec le parti de Jean Chrétien, attendront quelques semaines — et les encouragements de Robert Bourassa — avant de les rejoindre.

Dans sa première chronique écrite pour le journal *Le Devoir*, Bouchard parle d'une « tête de pont à Ottawa ». Il évoque le vieux rêve d'un Bloc québécois que, dans les années soixante-dix, les dirigeants du Parti québécois avaient accueilli avec beaucoup de scepticisme. Cette année, Parizeau et ses lieutenants vont encourager sa constitution...

Car pendant que les Québécois « visitent la Gaspésie ou écoutent le baseball dans leur chalet », la classe politique du Québec s'agite. Le projet de Forum-Québec lancé par Lucien Bouchard prend forme. Sa « charte », qu'il fait circuler parmi ses partenaires, prévoit « constituer un carrefour d'information et de recherches », « créer des occasions larges de débats », « émettre des cartes de membre », « provoquer un rassemblement de personnes qui veulent contribuer à la définition et à la promotion d'un projet national pour le Québec ». Il y a là, si c'est bien ce qu'envisage

Bouchard, l'embryon d'un tiers parti ou d'un puissant mouvement de pression. Les chefs des partis traditionnels, Bourassa et Parizeau, n'aiment pas beaucoup ça. Il est temps pour eux de récupérer le mouvement... Lucien Bouchard a profité du long week-end de la fête du Canada pour visiter Charlevoix, en compagnie d'Audrey et d'Alexandre. Au retour, le 3 juillet, il s'arrête à Québec, au bureau du premier ministre plus précisément, qui lui propose de faire partie de cette Commission parlementaire élargie dont il envisage la création. Bouchard accepte et met son projet de Forum-Québec en veilleuse.

Certains des députés qui ont décidé de porter le deuil de l'Accord du lac Meech, comme Jean Lapierre, jugent prudent de conserver leur siège à la Chambre des communes. De quoi le Québec aurait-il l'air, en effet, si des candidats de Jean Chrétien, à la faveur d'élections partielles, se faisaient élire à leur place ? Robert Bourassa encourage lui-même Jean Lapierre et Gilles Rocheleau à rester à Ottawa et à se joindre au groupe de Bouchard. Il y aura donc un « Bloc» de députés indépendants à la Chambre des communes. Et leur chef, Lucien Bouchard, est une fois de plus conscrit malgré lui !

Le test de la nouvelle formation ne tardera pas : une élection partielle a été déclenchée pour le 13 août suivant, dans le comté montréalais de Laurier Sainte-Marie, à la suite du décès du libéral Jean-Claude Malépart, le 16 novembre 1989. Or, les péquistes, qui ont tout de suite deviné la portée de la démission de Lucien Bouchard, ont déjà fait des sondages dans la circonscription et constaté qu'un « candidat souverainiste appuyé par Lucien Bouchard» recueillerait près des deux tiers des suffrages. Jacques Parizeau s'empresse de donner ces résultats à Lucien Bouchard au cours d'un dîner à sa résidence de l'avenue Robert à Outremont. Selon la journaliste Manon Cornellier, qui a écrit, en anglais, la seule histoire du Bloc québécois, *The Bloc*, Bourassa a eu vent de ce sondage. Il en refile lui aussi les résultats à Bouchard, laissant entendre qu'il s'agissait de son propre sondage ! Lucien Bouchard a de la chance : un candidat idéal se propose de lui-même, le 6 juillet. Il s'agit de Gilles Duceppe, négociateur de la CSN, bien introduit dans les milieux populaires du quartier et fils du regretté Jean Duceppe, acteur estimé des foules québécoises. Le 11 juillet, le Bloc québécois n'existe même pas encore officiellement qu'il nomme son premier candidat dans la circonscription de Laurier–Sainte-Marie.

Ce n'est que deux semaines plus tard que la « mission » du Bloc est rendue publique par Lucien Bouchard à Montréal. Le deuxième article annonce un précédent historique : pour la première fois dans l'histoire de la Chambre des communes, un groupe de députés — ayant prêté serment d'allégeance à la reine du Canada ! — déclare son intention de « promouvoir la souveraineté du Québec ».

Gilles Duceppe est donc « un candidat souverainiste appuyé par Lucien Bouchard » et, comme les sondeurs du Parti québécois l'avaient prévu, il récolte 66,9 pour cent des suffrages. Mais un député de plus ou de moins ne change pas grand-chose aux fortunes du Bloc québécois à Ottawa : il faut 12 élus pour constituer un groupe parlementaire officiellement reconnu et avoir le droit de poser des questions aux ministres, de participer aux grands débats ou de nommer des représentants aux comités parlementaires. À partir de cet été 1990 et jusqu'à l'été 1995, pendant cinq ans donc, Lucien Bouchard sera en « exil » à Ottawa. Il ne se passera pas d'année qu'il ne répète à ses députés —

ou aux journalistes, ce qui est encore pire ! — qu'il réfléchit à son avenir. Bref, il s'ennuie et trouve le temps long ! Bouchard traverse l'une des périodes les plus difficiles de sa vie. En moins de deux mois, il a dû s'ajuster à un train de vie considérablement inférieur : il a perdu ses 64 000 $ de prime de ministre, la limousine et le chauffeur, les nombreux adjoints qui planifient rendez-vous et visites à l'extérieur de la capitale. Quelques amis de Chicoutimi vont organiser une levée de fonds pour lui permettre de mettre en place son nouveau bureau de chef du Bloc. Les éditions du Boréal vont lui consentir une avance de 25 000 $ sur ses mémoires qu'il écrira tout en fondant un nouveau parti et en siégeant à la Commission sur l'avenir politique et constitutionnel du Québec.

Qu'est-ce qui le pousse à se lancer dans cette aventure alors qu'il eût été si simple pour lui de « retourner faire de l'argent à Chicoutimi » ? « Il a longuement réfléchi, raconte son ami Jacques Brassard. Il a fallu à ce moment-là faire appel à son sens de la mission historique qui lui incombait. On lui a dit : " Tu ne peux pas te retirer maintenant, c'est le peuple qui t'assigne ce rôle-là ". » Le Parti québécois l'a donc un peu aidé à se décider...

Les audiences de la Commission présidée par Michel Bélanger, ancien grand commis de l'État, et Jean Campeau, encore président de la Caisse de dépôt et placement du Québec, permettent à Lucien Bouchard de s'échapper d'Ottawa au cours de l'automne 1990 et de l'hiver 1991. On commence à l'oublier : la crise soulevée au Québec par la révolte des Mohawks au cours de l'été 1990, la maladie de Robert Bourassa à l'automne, la guerre dans le Golfe arabo-persique en janvier 1991, ont guéri les Québécois de l'indignation provoquée par le rejet de l'Accord du lac Meech. Et c'est Bourassa qui est aux commandes...

Un groupe de travail du Parti libéral du Québec, présidé par Jean Allaire, vient de publier son rapport : *Un Québec libre de ses choix*. On y réclame le rapatriement de 22 pouvoirs exclusifs au Québec, ou la tenue d'un référendum sur la souveraineté avant l'hiver 1992.

À la mi-janvier 1991, la Commission Bélanger-Campeau se retire pour délibérer. « On va fermer les portes et là il va se faire de la bonne vieille négociation », me promet Lucien Bouchard. Le hasard fait que je le rencontre le 15 janvier, et Robert Bourassa le 24. En relisant la transcription de ces deux entretiens, réalisés à quelques jours de distance, je ne résiste pas à l'envie de reconstituer cet étrange dialogue, bourré d'ambiguïtés et de contradictions, qui conduira à la rupture du front commun entre libéraux et péquistes... « Le vol d'un moment historique », conclura Jean-François Lisée dans le premier volume de sa chronique des années 1990 et 1991, *Le Tricheur*...

Bouchard : « Je suis toujours disponible pour travailler avec vous si vous alignez le dossier constitutionnel d'une façon telle que je puisse m'y rallier. Vous êtes au pouvoir, vous n'avez pas besoin de faire des élections et ça irait plus vite. »

Bourassa : « Je suis d'accord que sur le plan constitutionnel je suis celui qui rassure le plus pour prendre des décisions importantes. »

Bouchard : « Mais il faut un référendum qui ne sera pas dilatoire. Onze ans après le premier, un an et plus après la mort de l'Accord du lac Meech, après six mois de travaux d'une Commission dont l'ampleur est sans précédent, cela ne serait tout de même pas précipité, non ? »

Bourassa : « Si j'en fais un maintenant, j'aurai 70 % de oui mais le Canada anglais va dire : " On prend note ". Il faut être sûr que ça va faire un gros impact parce que six mois en politique, c'est une éternité. »

Bouchard : « Si vous faites un référendum dans le sens qu'on dit, on va le gagner très fort parce que vous êtes mieux placé que quiconque pour faire l'unité. »

Bourassa : « La souveraineté, je n'ai pas de préjugé dans un sens ou dans l'autre. S'il faut passer par là, comme disait McKenzie King : " Pas nécessairement, mais si nécessaire "... »

Bouchard : « Vous êtes pas souverainiste dans l'âme. »

Bourassa : « Celui qui prend la décision de proclamer la souveraineté doit être sûr de ne pas engager le Québec dans une impasse. Moi, j'essaie de rester sobre et froid, même s'il m'arrive de participer aux émotions du moment. »

Bouchard : « Si vous faites un référendum, on est " en business " comme on dit. Il se peut même que tout le monde soit d'accord si vous proposez une bonne question. »

Bourassa : « S'il y a un référendum, cela veut dire que les deux partis du Québec se rapprochent. Car si les deux partis ne sont pas d'accord, c'est à bien y penser : déclencher un référendum sans être sûr de le gagner, c'est une très lourde responsabilité. »

Bouchard : « N'allez pas vous faire un petit mandat maison, à la sauce traditionnelle, mi-chair mi-poisson, pas clair, confus, avec la bonne vieille méthode : les coups de téléphone à Mulroney, les fonctionnaires qui se promènent avec des petites valises noires, les ministres qui parlent la langue de bois devant les caméras de télévision... »

Bourassa : « Ben, si on peut obtenir, dans la Constitution actuelle, tous les pouvoirs dont on a besoin, qu'on considère comme essentiels, à ce moment-là je me dis : pourquoi s'embarquer dans une démarche qui comporte des risques, et pour arriver finalement au même résultat ? »

Bouchard : « Alors ce sera la guérilla politique ! S'il faut emplir le Stade olympique au mois de mai, s'il faut faire défiler 400 000 personnes au lieu de 200 000 le jour de la Saint-Jean-Baptiste, on va le faire : on va vous couper les jarrets ! »

Lucien Bouchard ne coupera pas les jarrets de Bourassa. La guérilla qu'il promettait n'aura pas lieu : le mouvement Québec 91 qu'il tente de créer à ce moment-là avec 150 personnalités du Québec, dont ses partenaires de Forum-Québec, ne réunira pas 400 000 personnes le jour de la Saint-Jean-Baptiste sur la rue Sherbrooke, pas même 200 000 comme en 1990. Pire encore, la Commission Bélanger-Campeau permet au premier ministre du Québec de donner une autre dernière chance au Canada anglais.

Entre le dépôt du Rapport sur l'avenir politique et constitutionnmel du Québec, le 26 mars 1991, et l'été de 1992, il faut se forcer pour trouver à Lucien Bouchard un rôle quelque peu important sur la scène politique québécoise. Il commence l'année en me disant : « Je me suis donné un plan d'un an quand j'ai démissionné [en mai 1990]. J'ai dit aux députés du Bloc que je suis prêt à rester un an, et à l'été [1991], on évaluera. »

Il hésite longtemps avant d'accepter de fonder un parti politique dûment reconnu par le Directeur général des élections à Ottawa. Il vit toujours dans l'illusion que le Canada ne fera pas d'offres acceptables et que Bourassa sera obligé de tenir son référendum sur la souveraineté. La fondation officielle du Bloc québécois, le 15 juin 1991 à Tracy, le marque si peu qu'il n'y fait même pas allusion dans ses propres mémoires ! Au cours de l'été et de l'automne 1991, il est plongé dans la rédaction de son livre. Entre le 13 mai 1991 et le 1er juin 1992, il a manqué les trois quarts des votes enregistrés aux Communes. Comme il l'avait prévu, les négociations se déroulent en secret, avec de petits coups de téléphone de Bourassa à Mulroney. Les projets de réforme constitutionnelle restent enfermés dans les petites valises noires des fonctionnaires. Et on n'apprend pas grand-chose de la langue de bois des ministres.

C'est ailleurs que ça se passe, dans les salles d'hôtel de toutes les grandes villes du pays où se réunissent ministres et fonctionnaires. Et ce sont les Québécois restés avec Brian Mulroney à Ottawa qui sont sur la ligne de front. Pour eux, c'est l'enfer. Le 7 mai 1991, vers 21 heures, je rejoins Benoît Bouchard à son domicile du quartier Alta Vista à Ottawa...

« Tu ne me déranges pas, j'ai besoin de parler, commence le ministre. Brian Mulroney s'éloigne considérablement du Québec. Il n'y a plus de Québécois influents autour de lui.

— Et Norman Spector [secrétaire du cabinet pour les relations fédérales provinciales, originaire de Montréal] ?

— Il n'y en a pas de pires que les anglophones de Montréal. En 1989, Stanley Hartt [chef de cabinet de Mulroney] a essayé de convaincre le premier ministre que j'étais malade pour m'éliminer. Spector en remet lui aussi : il a dit à d'autres ministres qu'il ne me trouve pas assez " manipulable ".

— Mais Mulroney continue de vous faire confiance, dis-je au ministre.

— Je ne lui ai pas parlé depuis trois mois, au point où je me demande si on ne lui fait pas jouer le rôle de Trudeau en 1982.

— Et Jean Charest [qui vient d'être nommé ministre de l'Environnement] ?

— Je ne sais pas où il s'en va mais je te signale qu'il n'y a pas un seul ministre de l'Environnement qui ait survécu, ni à Ottawa ni à Québec. C'est pour ça que Lucien est parti.

— Si cela va si mal que ça au Gouvernement, pourquoi ne passez-vous pas au Bloc ? demandai-je encore.

— Le Bloc, c'est pas une réponse. Ils veulent venir en force à Ottawa, mais s'imaginent-ils que les autres partis vont les laisser faire, qu'ils ne vont pas s'allier entre eux pour les neutraliser ?

— Ouais... Vous m'avez l'air pas mal déprimé ! fais-je remarquer.

— Après sept ans, on s'use. Après avoir fait tant de choses pour le Parti, on nous voit encore comme des séparatistes. C'est subtil, c'est comme un petit clou qu'on enfonce, le supplice de la goutte. On ne m'a pas fait le grand coup de l'humiliation, on ne m'a jamais traité de *frog* mais c'est pire : je n'ose même plus leur rappeler que le Québec existe.»

Le lendemain de cette triste conversation, Gilles Loiselle me confirme l'état d'esprit des ministres québécois : « Il y a une perception chez nos collègues du Canada anglais que le Québec est un enfant gâté. Ce n'est pas de la mauvaise volonté mais une immense incompréhension de la réalité québécoise. Mulroney lui-même fait attention de ne pas avoir l'air d'en donner trop au Québec.»

On s'étonne qu'il n'y ait pas davantage de ministres ou de députés progressistes-conservateurs qui aient rejoint les rangs du Bloc québécois, ou tout simplement démissionné. Plusieurs, comme Monique Vézina ou Marcel Masse, attendront prudemment l'échec des négociations constitutionnelles et l'arrivée du PQ au pouvoir à Québec en 1995 avant de se prononcer ouvertement en faveur de la souveraineté.

En 1991, les Québécois sont en train d'oublier les échecs que subissent leurs gouvernements sur le front constitutionnel depuis 25 ans : « La souveraineté, me dit encore Benoît Bouchard le soir du 7 mai, ça se fait par des peuples qui veulent se battre à mort. On n'a pas ça en nous, les Québécois. On n'a pas la rage de se battre. On est un petit peu comme des enfants gâtés... »

Lucien Bouchard n'est pas dupe, lui non plus. Quand il émerge de ses travaux d'auteur, il dresse le même constat que son ancien collègue le 2 juin 1992, au moment du lancement de son livre, *À visage découvert* : « Les Québécois sont en train d'oublier le rapatriement de 1981, ils oublient peut-être même déjà le lac Meech. Si on ne fait pas attention, on va rater le coche. »

Les Québécois sont, effectivement, davantage préoccupés par la récession qui fait des ravages. Ils passent leur colère sur la nouvelle taxe sur les produits et services (la TPS) créée par le gouvernement de Brian Mulroney. Et comme tous les autres Canadiens, ils finissent par rire des mésaventures de la pléiade de comités créés par Ottawa pour régler la question constitutionnelle. Un Forum des citoyens présidé par Keith Spicer, un Comité parlementaire sur les procédures d'amendement à la Constitution, un autre sur des offres faites au Québec — aussitôt rejetées par Bourassa — et un Comité de ministres présidé par Joe Clark accouchent les uns après les autres de projets éphémères.

« Deux cent mille personnes dans la rue Sherbrooke [le 25 juin 1990], commente Lucien Bouchard.

D'autres auraient paniqué, se seraient mis à table pour faire des concessions. Pas les Canadiens : ils pensent que le Québec va casser, qu'il va faire un gros *party*, se péter les bretelles, faire de la rhétorique et du lyrisme et qu'à la fin il va rentrer sous la tente.»

C'est finalement l'échec des négociations constitutionnelles de 1992 — un autre ! — et la campagne référendaire qui suivit — une autre ! — qui allaient sortir Lucien Bouchard de sa déprime. Il était temps ! Il avait prévu démissionner cet été-là : son livre n'avait pas eu le succès qu'il espérait et ses problèmes d'argent, difficiles à supporter pour Audrey Best, se faisaient encore plus criants maintenant qu'un deuxième fils, Simon, était né. Le chef du Bloc québécois en était même alors rendu à se déplacer en autobus !

« À ce moment-là, nous autres au Bloc, on n'en menait pas large, raconte-t-il à Jean-François Lisée. Jean Lapierre nous laissait. [Un autre député du Bloc, Gilbert Chartrand, était retourné au Parti progressiste-conservateur en avril 1991 mais Pierrette Venne, député de Saint-Hubert, adhérait au Bloc en août.] Je venais de passer un an à écrire mon livre, j'avais été très absent. À Ottawa, on était dans le mou, dans la gélatine : un parti plus ou moins existant de 25 000 membres et toute la misère du monde à ramasser de l'argent. On crevait de faim, littéralement. Il n'y avait pas une cenne dans les coffres du Bloc. On n'avait pas de dettes mais on était sur le point de tomber dans les dettes... »

Le 7 juillet 1992, les partenaires de Joe Clark dans les négociations de la dernière chance — ils sont maintenant 16 sans le Québec car on a ajouté aux 9 provinces et au gouvernement fédéral, les deux Territoires du nord et les quatre associations autochtones — concluent un accord « historique » : l'essentiel de l'Accord du lac Meech, une réforme du Sénat, des gouvernements autonomes pour les autochtones. Il y en a pour tout le monde ! En particulier pour Robert Bourassa, qui juge qu'il en a assez pour entamer de discrètes discussions avec Brian Mulroney. Le premier ministre du Québec retrouve ses collègues, le 10 août, à la résidence d'été du premier ministre du Canada, sur les bords du lac Harrington dans le parc de la Gatineau. C'est la première fois qu'une telle rencontre se produit depuis le 9 juin 1990. Des négociations marathon s'engagent, à Ottawa puis à Charlottetown, capitale de l'Île-du-Prince-Édouard. L'accord conclu le 28 août serait soumis à toute la population canadienne, par référendum, le 26 octobre 1992.

Lucien Bouchard eût été bien incapable, sans argent et sans organisation sur le terrain, de participer à cette campagne référendaire. Il découvre aussi à quel point son statut de chef de l'opposition à Ottawa le met en porte-à-faux face au débat politique qui se tient au Québec. Il devrait faire campagne contre l'accord d'un bout à l'autre du pays mais ne peut tout de même pas se retrouver sur les mêmes tribunes que Preston Manning ou Pierre Trudeau ! Souverainiste, il veut faire campagne au Québec mais, chef d'un parti fédéral, il doit se mettre aux ordres de Jacques Parizeau.

Bon prince, le chef du Parti québécois lui offre la vice-présidence du comité du non et paie les salaires d'une petite équipe qui organise la tournée de Bouchard. Il n'en reste pas moins que le chef du Bloc est relégué à un rôle de figurant : avant la fin de la campagne, la cote de crédibilité de Jacques Parizeau grimpe de 15 à 24 pour cent, celle de Bourassa se maintient autour de 25 pour cent, mais celle de Bouchard tombe de 16 à 8 pour cent.

Et puis, Pierre Trudeau qui sort encore une fois de
sa retraite, Brian Mulroney qui déchire les « gains » du
Québec à Charlottetown, un débat télévisé entre
Parizeau et Bourassa ennuyeux et peu concluant, les
dossiers secrets de *L'actualité* : il ne reste pas beaucoup
de place pour Lucien Bouchard. Les Québécois votent
non dans une proportion de 57 pour cent. « Seulement ! » commente Bouchard, sans doute convaincu
qu'il aurait fait mieux...

Le 26 octobre 1992, il n'y a qu'un perdant : Brian
Mulroney, dont les jours à la tête du gouvernement du
Canada sont maintenant comptés. Les machines électorales des partis politiques sont en rodage. Il est temps
pour Lucien Bouchard d'organiser sérieusement son
parti.

La tournée d'un chef de parti dans une élection
fédérale coûte au bas mot 2 millions $ au Québec seu-
lement : il reste 100 000 $ en caisse. Il faut idéalement
compter sur un millier de militants dans chaque circonscription, soit 75 000 dans tout le Québec : il y en a
25 000. Et il faut surtout avoir 75 candidats : il n'y a
pour l'instant que six députés sortants du Bloc québécois prêts à se représenter. Avec l'aide des professionnels de la machine péquiste, les affaires avancent
rondement. Le 12 mai 1993, le Bloc atteint son objectif
de 75 000 membres et a un demi-million de dollars en
banque : « On est en *business* », dirait son chef.

Le 28 mai, Lucien Bouchard rencontre l'équipe
éditoriale de *L'actualité* pendant deux heures. Il est en
forme et parle beaucoup...

En politicien, d'abord : « Les problèmes sont devenus tellement complexes qu'il n'y aura plus beaucoup
de *chevaliers Bayard* en politique. Le temps des Churchill et des de Gaulle est fini. Ce qui me surprend
aujourd'hui, c'est la fascination de la classe politique

pour l'image. On est tous victimes de notre poursuite de l'image et des *clips* : on nous demande de synthétiser en 10 secondes notre pensée sur n'importe quoi. Tous les politiciens vivent à l'heure des *scrums* [ces « mêlées » de journalistes qui encerclent le politicien et le bombardent de questions]. Même Mitterrand s'est fait scier les incisives : vous ne me direz pas qu'il n'a pas un peu sacrifié à l'image ! Moi aussi, je suis là-dedans bien que je n'aime pas les communicateurs : mais je sais tout de même que les chemises bleues paraissent mieux à la télévision !» Je remarque alors que Lucien Bouchard a modifié sa coiffure et s'est fait couper la frange des cheveux.

Il a aussi la partisanerie du chef de parti. « Notre adversaire c'est Jean Chrétien : il dirige un vrai parti. Mais il n'a aucune base politique au Québec, il ne pourra jamais s'appuyer sur l'opinion publique de la province pour soutenir une position qu'il adopterait contre les souverainistes. Dans le cas de Kim Campbell [dont il assume qu'elle succédera à Brian Mulroney], ce serait neutre, mais Jean Chrétien, c'est un symbole.» Et Jean Charest ? lui demande-t-on. « Il exprime la rupture parce que c'est un autre Trudeau, lui aussi, un mini-Trudeau. C'est un fédéraliste à tout crin, bétonné, inconditionnel. S'il y a quelqu'un de dangereux c'est bien lui parce qu'il a négocié avec les sbires de Jean Chrétien. »

Le Bouchard le plus intéressant ce jour-là, c'est le chef souverainiste qu'il prétend être. Il prédit que le Canada anglais, avec son pragmatisme habituel, finira bien par négocier avec un gouvernement souverainiste. Et il s'emporte... « Par exemple, dit Bouchard, le modèle de Maastricht n'est-il pas intéressant pour des gens civilisés, qui ont des liens de géographie, d'histoire et de culture ? Si les Allemands et les Français ont pu s'entendre, après trois invasions de la France par l'Allemagne en un siècle, s'ils ont été capables de s'asseoir et de trouver une formule comme [le Traité de] Maastricht, est-ce que nous n'avons pas quelque chose à faire ? Je pense que dans une structure quasi confédérative, où on serait un État souverain, et dans un pays où on existerait pour créer, par traité, des institutions centrales communes, le Québec serait en bien meilleure situation qu'il ne l'est maintenant. À partir du moment où on s'entend sur une participation québécoise aux prises de décision dans les instances qui seraient créées, on pourrait gérer les postes, l'armée ou la monnaie en commun. En tout cas, conclut-il, il n'y aura pas de guerre sur les postes ni sur la défense commune. En plus, on ne mettra pas tout en commun : l'éducation, la culture, l'immigration, il y aura des domaines où la raison d'État sera facile à percevoir... »

Cela fait une heure que Lucien Bouchard parle et quelqu'un lance : « Êtes-vous en train d'écrire le programme de M. Parizeau ? Vous parlez avec une assurance extraordinaire, comme si c'était vous le responsable du projet souverainiste. »

« Je suis un partisan de la souveraineté, je vais planter le drapeau de la souveraineté à Ottawa, et vous avez raison de me demander ce que la souveraineté signifie pour moi. »

Pendant ce long entretien, Bouchard a expliqué que l'élection du Bloc à Ottawa — « au moins 50 députés » — constituera la première période d'un match qui conduira à l'élection d'un gouvernement souverainiste à Québec, puis à l'organisation d'un référendum sur la souveraineté...

« Comment, concrètement, allez-vous contribuer à l'élection du PQ à Québec ? lui demande-t-on.

— J'ai dit "l'élection d'un gouvernement souverainiste", nuance!» corrige-t-il aussitôt d'un ton ferme. Lucien Bouchard n'est donc pas resté en politique pour jouer les seconds violons! Après tout, pense-t-il alors, avec une cinquantaine de députés fédéraux, il couvre le territoire de 75 circonscriptions provinciales sur 125 : une majorité solide, en somme, pour exercer le pouvoir à Québec!

Bien peu de monde croit à ce moment-là que le Bloc québécois sera capable de faire élire tant de députés. Malgré le slogan de Lucien Bouchard — *On se donne le vrai pouvoir* —, les vedettes du camp souverainiste se réservent pour la « vraie» campagne électorale, celle qui les mettra au pouvoir à Québec avec Jacques Parizeau. C'est l'équipe B de la souveraineté que le Bloc présente à Saint-Hyacinthe, le 15 août 1993.

Quant à l'argent, il faudra l'intervention de Lucien Bouchard auprès de Claude Béland pour que le Mouvement Desjardins, le 4 août, accepte d'ouvrir une ligne de crédit d'un million et demi de dollars au Bloc, la part des dépenses électorales que le gouvernement rembourse aux candidats s'ils ont obtenu au moins 15 % des suffrages. Les Caisses aussi sont sceptiques sur les chances de succès du Bloc!

Lucien Bouchard mène sa campagne au Québec seulement. Il effectue la plupart de ses déplacements en mini-fourgonnette, tandis que les journalistes suivent dans un autobus plutôt mal équipé comparé à celui des libéraux. C'est une campagne sobre, pendant laquelle on évite les grands rassemblements. Le chef s'en tient, dans ses discours, au programme qu'il a publié au début de l'été, *Un nouveau parti pour l'étape décisive*. Sa thèse est simple : à deux reprises en 1981 avec les Libéraux et en 1990 avec les progressistes-

Conservateurs, les représentants du Québec à Ottawa ont « trahi » les leurs. « Voter pour le Bloc, c'est montrer les vraies couleurs du Québec et envoyer au Canada anglais un message de clarté et de fermeté », dit Bouchard. Lancée au début de septembre, la campagne démarre d'ailleurs plutôt lentement. Robert Bourassa jette son propre pavé dans la marre en annonçant, le 13 septembre, sa démission. Le Canada anglais pense que « Bourassa a fait ça pour nuire au Bloc » ! En fait, cette démission fait l'affaire de Bouchard : il peut maintenant, sans que personne ne lui donne la réplique à Québec, faire appel aux « fédéralistes perplexes ». Ce qu'il tente de reconstituer, c'est la coalition du non au référendum d'octobre 1992 sur l'Accord de Charlottetown : il vise ainsi 52 comtés, n'en laissant que 23 aux partis fédéralistes.

Le 20 septembre, le chef du Bloc se permet une courte incursion à Toronto, devant les élites du Canadian Club et de l'Empire Club : réception plutôt froide, précédée du chant de l'hymne national que Bouchard chante du bout des lèvres, et même d'un toast à la Reine pendant lequel il lève poliment son verre d'eau ! Il projette l'image du « bon séparatiste » et me confie à la fin de sa journée que « les Canadiens anglais sont parlables ». C'est du moins ce qu'il veut faire croire aux Québécois auxquels les candidats du Bloc se présentent comme l'avant-garde du Québec : « Nous réclamerons notre "butin" à Ottawa, nous y défendrons vos intérêts et, le moment venu, nous surveillerons les négociations entre le Québec souverain et le reste du Canada. » Cela ne se passera pas du tout comme ça !

Le 3 octobre, Lucien Bouchard se retrouve sur la même tribune que son vieil adversaire, Jean Chrétien, et son ancienne collègue du temps du « beau risque »,

Kim Campbell. La néo-démocrate Audrey McLaughlin et le réformiste Preston Manning paraissent déplacés dans ce débat télévisé en français.

Les sondages commencent à rendre sérieuse l'hypothèse du Bloc québécois formant l'opposition officielle aux Communes et Lucien Bouchard promet d'être sage et sérieux, de ne pas « foutre le bordel à Ottawa », comme le lui suggéraient les péquistes. À vrai dire, des candidats enthousiastes répandent la rumeur que le Bloc pourrait faire élire de 55 à 57 députés le 25 octobre. « Impossible », me dit Bouchard, mentant effrontément. Et il met en garde les militants : « Le triomphalisme est dangereux. »

Pourtant, c'est bien un raz-de-marée souverainiste qui se dessine. C'est une élection fédérale et les Québécois n'ont pas à se prononcer pour la souveraineté. C'est plutôt contre les « vieux » partis — « ceux qui ont *fourré* le Québec ! » — qu'ils veulent voter. « Moi, tout ce que je veux voir, c'est la face de Jean Chrétien quand il va voir le *flag* dans le *hood* du chef de l'opposition ! » m'explique un militant de la région de Québec.

Le 25 octobre, l'invraisemblable se produit : le Bloc obtient 54 sièges, deux de plus que les réformistes, et formera donc l'opposition officielle face à la majorité absolue de 178 sièges obtenue par les libéraux. Deux conservateurs, dont Jean Charest, et neuf néo-démocrates de l'Ouest complètent cette chambre de 295 députés.

Lucien Bouchard retrouve enfin son salaire de ministre [qu'on verse également au chef de l'opposition), de même que sa limousine, mais il refuse la résidence officielle de Stornoway. Sa décision de résider plutôt, trois ou quatre nuits par semaine de session parlementaire, à l'hôtel *Crown Plazza* de Hull — l'ancien hôtel *La Chaudière* où René Lévesque et la

délégation du Québec passa « la nuit des longs couteaux » de novembre 1981 ! — conduira rapidement à
des tensions dans sa propre famille.

Le 19 janvier 1994, lorsqu'il prononce son premier
discours de chef de l'opposition officielle, en réponse
au discours du Trône, un silence presque religieux
tombe sur le nouveau Parlement. Bouchard y institue,
pendant 55 minutes, le procès du régime fédéral. « La
campagne préréférendaire » est commencée, lance-t-il
alors que les libéraux sont encore au pouvoir à Québec,
sous la direction de Daniel Johnson. D'entrée de jeu, il
annonce qu'il n'est à Ottawa que de passage.

Son discours constitue aussi un bilan dévastateur
de la situation économique et politique au Canada et
une critique des « plates échappatoires » que prend le
nouveau Gouvernement plutôt que de remédier à la
situation. Les libéraux n'ont recueilli que 41 % des
suffrages le 25 octobre précédent : cela laisse près de
deux Canadiens sur trois dans l'opposition et qui se
retrouvent dans le discours de Lucien Bouchard. *The
best opposition leader we ever had,* titrent les grands
journaux du Canada anglais. Cette lune de miel ne dure
pas longtemps.

Les Québécois s'amusent beaucoup à regarder
leurs députés prendre tout le plancher des débats parlementaires à Ottawa : ils deviennent même des fervents
de la traditionnelle période des questions à la télévision : « Il y en a qui croient que nous sommes en voie
de rendre le Parlement intéressant et que ça aide le
fédéralisme, commente Bouchard. J'espère que nous
ne travaillons pas à ça ! » Il faut dire que le chef du
Bloc, avec son leader parlementaire Michel Gauthier,
député de Roberval, et son whip, Gilles Duceppe,
imposent une discipline de fer à leurs députés qui font
un premier parcours sans faute. Le Parti réformiste et

son chef, Preston Manning, en vrais populistes, ont bien du mal à s'ajuster au style très formaliste du parlementarisme britannique. Le contraste est saisissant et met le Canada anglais en rogne ! Comme tout chef de l'opposition, Lucien Bouchard est également courtisé par le corps diplomatique en poste dans la capitale fédérale. Il effectue des visites officielles à Washington puis à Paris : elles se passent presque trop bien pour les nombreux observateurs de la presse anglophone qui l'y accompagnent. Il y parle surtout un peu trop de son fameux modèle de Maastricht et de la nécessaire association qui devra être négociée entre un Québec souverain et le Canada. On commence à relever les « nuances » qui existent entre les discours du chef du Bloc et ceux du chef du Parti québécois.

« Je ne veux surtout pas qu'il y ait d'ambiguïté et il ne faut jamais lâcher la perspective souverainiste parce que le vote, si c'est oui, va être pris par des gens qui y auront bien pensé, me dit Jacques Parizeau à cette époque-là. C'est pour ça qu'il est tellement important que des gens comme Bouchard et Béland, qui ont cette prestance dans notre société, soient clairs... » L'avertissement est tellement clair que, lorsque je publie les propos de « Monsieur », Bouchard me demande d'un air un peu inquiet : « Il a vraiment dit ça ? »

Puis une tournée du chef du Bloc à Calgary, Vancouver et Shediac, au Nouveau-Brunswick, déclenche l'hystérie du Canada anglais. Politiciens et commentateurs trouvent que la provocation a assez duré et les insultes fusent de partout : « Judas ! » résume Doug Young, lieutenant de Jean Chrétien dans les provinces de l'Atlantique. Le Bloc, qui prétendait faire l'éducation du Canada anglais et le préparer psychologiquement à l'avènement du grand soir de la souveraineté, déclenche plutôt un mouvement de mauvaise humeur contre le Québec. « Il est temps de rapatrier Bouchard au Québec », se dit-on dans les officines du Parti québécois. C'est que le chef du Bloc, involontairement, est en train de faire réfléchir les Québécois sur les conséquences de la souveraineté, une question qu'on préférerait glisser sous le tapis pendant la campagne électorale qui s'annonce au Québec. Les réactions violentes du Canada anglais inquiètent aussi : « Un coup que ça serait vrai qu'ils ne nous laisseront pas faire la souveraineté », entend-on dire de plus en plus souvent au Québec.

« Le niveau des décibels commençait à être un peu fort, laisse alors tomber Jacques Parizeau comme s'il sifflait la fin d'une récréation. Bouchard est aux premières lignes, sous une pression très, très forte. L'important est que nous gardions le contact. »

Justement, un caucus spécial des députés du Bloc et du Parti québécois est prévu pour le 18 juin. On en profitera pour parler d'«arrimage» entre les deux formations. À partir de ce moment-là, le Bloc québécois a l'air d'une chaloupe accrochée à la proue du gros bateau péquiste. Et Lucien Bouchard d'un modeste moussaillon à côté du capitaine souverainiste. Maintenant qu'il est à la barre, Parizeau en profite pour reprendre le cap : la seule élection du PQ au pouvoir va « enclencher » le processus d'accession du Québec à la souveraineté. Quant à l'attitude du Canada anglais : « Ne cherchons pas de vastes négociations avec des gens de mauvaise humeur. »

Voilà le chef du Bloc québécois — un parti « national » ! — contraint de faire la tournée des épluchettes de blé d'Inde de la Gaspésie pendant que Parizeau fait les manchettes des grands médias de Montréal et de Québec ! Et l'élection du 12 septembre pourrait décider de tout, rendre la négociation avec le reste du Canada secondaire, voire inutile.

« De quoi ai-je l'air, moi, à Ottawa ? » se demande Lucien *Iznogoud* Bouchard qui aimerait bien être « calife à la place du calife ».

« Mon problème dans la vie, confie-t-il à un ami très proche, à la fin de l'été 1994, c'est que je ne peux pas supporter d'avoir un chef... »

CHAPITRE 10

« QUE L'ON CONTINUE »...

C'est un été de campagne électorale au Québec en 1994. Le matin du 15 août, je me promène avec Lucien Bouchard dans les magnifiques jardins du *Manoir des Érables*, à Montmagny. Il fait beau, la rosée sent bon, nous regardons le programme de la journée en Beauce : pique-nique champêtre à Sainte-Marie, visite d'usine à Sainte-Justine, tournoi de baseball à Saint-Nérée. La vie est belle !

Et le monde amical : deux touristes ont arrêté leur voiture pour saluer le chef du Bloc. « Vous ne pouvez pas passer inaperçu », lui dit la femme. « Les gens sont chaleureux avec moi, cela me fait aimer la politique », me confie Bouchard après qu'ils soient repartis.

Depuis le 1er août qu'il est rentré de ses vacances familiales en Californie, Lucien Bouchard mène une campagne parallèle, loin des grands centres et des réseaux de télévision qui suivent Jacques Parizeau. Il a failli tout faire dérailler en commençant sa tournée électorale par la circonscription de Jean Campeau, dans la région de Montréal. Les journalistes ont tenté de le mettre en contradiction avec le chef du Parti québécois. Depuis, il se cache dans le Québec profond.

« Je fais du renchaussement », dit-il. Après le référendum d'octobre 1992 sur l'Accord de Charlottetown, le chef du Bloc en est à sa deuxième tournée électorale avec les péquistes. « Je commence à connaître pas mal de gens au PQ, constate-t-il. Je ne sais pas qui va être ministre mais il y a des chances que j'en connaisse un paquet puisque j'en suis à ma deuxième campagne avec eux. » Intéressant ça : l'homme s'enracine dans un parti dont il n'est même pas membre...

Il fait aussi son apprentissage de la politique de terrain. Les deux campagnes de 1988 au Lac-Saint-Jean comme candidat vedette de Brian Mulroney, celle de 1993 comme chef du Bloc, n'étaient pas de vraies batailles. Cette année, sans autobus de journalistes et sans caméras de télévision autour de lui, il a le temps et le loisir de parler au vrai monde. « J'ai peut-être serré une centaine de mains ce matin, me dit-il à l'heure des hot-dogs dans la cour de la ferme de Sainte-Marie. Ce soir, les gens parleront de ça à la maison : c'est aussi important que de visiter les salles surchauffées des comités électoraux, remplies de militants convaincus. »

En cet été 1994, Lucien Bouchard travaille pour la cause, « dans la perspective d'un gouvernement qui va faire un référendum sur la souveraineté et qui va le gagner », précise-t-il. Après, il verra car, pour lui, « Parizeau est bien en selle et je suis très content qu'il soit là ». Bon soldat en somme.

Mais le soir du 12 septembre, au *Capitole* de Québec, il n'a pas l'air de très bonne humeur quand il monte sur la scène, à l'invitation de Jacques Parizeau, pour célébrer la victoire du Parti québécois. « La victoire ? » relève-t-il. Les candidats du PQ n'ont recueilli que 44,75 pour cent des suffrages — une majorité de 13 744 voix seulement pour l'ensemble des 125 circonscriptions électorales de la province devant les candidats de Daniel Johnson — qui réalisent le score surprenant de 44,4 pour cent des suffrages. « J'espérais quelque chose comme 48 pour cent, peut-être plus », dit Bouchard. Il se souvient de l'analyse que les recherchistes du Bloc lui ont préparée le printemps précédent : avec moins de 45 pour cent des suffrages, le gouvernement du Parti québécois ne bénéficiera pas de la vague nécessaire pour gagner un référendum « dans l'année qui suit son élection », comme l'a promis Jacques Parizeau. Il y a donc un problème, que le chef du Bloc ne cherche pas à cacher.

Dès son retour à la Chambre des communes, le 19 septembre, Lucien Bouchard envoie un message au nouveau premier ministre du Québec : « Cela n'aurait pas d'allure de faire un référendum pour le perdre. Ce qui compte, c'est de gagner ! »

Au fait, pourquoi Bouchard et Parizeau se parlent-ils par médias interposés ? Le chef du Bloc attendra près de deux semaines avant de rencontrer son allié du PQ qui lui fait ainsi sentir qu'il est « bien en selle » !

Comme on l'avait prévu, le Bloc est marginalisé. La presse québécoise se désintéresse de lui et la presse anglophone n'a de cesse d'amener quotidiennement Bouchard à faire preuve d'une solidarité quasi-ministérielle avec « Monsieur » à Québec.

Lucien Bouchard, qui « ne peut supporter d'avoir un chef », est d'humeur massacrante. Chez lui, les pressions se font de plus en plus fortes pour qu'il abandonne la politique. Audrey Best lui arrache même la promesse, au cours de l'automne, de quitter la politique en 1995 et de rentrer à Montréal. Il lui arrive de penser à sa succession : quand des membres de son groupe parlementaire suggèrent le nom de Marcel Masse comme celui de son successeur, il transmet de bonne grâce le message à l'intéressé. Bref, à la veille de son

56e anniversaire, il envisage une fin de carrière dans le droit et l'écriture, ses deux premières passions. « Le Bloc n'est pas une police d'assurance », lance-t-il le samedi 26 novembre au mont Sainte-Anne, à la clôture du Conseil général de son parti.

Audrey Best est en visite chez une amie à New York depuis quelques jours. C'est ce séjour qui lança les rumeurs de séparation du couple, une rumeur tenace puisque, un an plus tard, quand le couple prend de courtes vacances en Floride et discute de la candidature de Lucien Bouchard à la présidence du Parti québécois, certains les croient en train de négocier le divorce et la garde des enfants !

Audrey Best rentre de New York le dimanche 27 novembre. Quand elle retrouve son mari, à l'appartement de l'avenue McNider à Outremont, celui-ci « ne file pas bien ». Fiévreux, il croit avoir la grippe. Il se plaint aussi d'une douleur persistante à l'arrière du genou gauche. Malgré la journée de repos qu'il prend le lundi, le mal empire et son médecin le fait hospitaliser le mardi midi. Le bureau du chef de l'opposition à Ottawa émet un communiqué laconique précisant qu'il souffre d'une phlébite de la jambe gauche.

Le jeudi 1er décembre, en fin d'après-midi, le professeur Patrick D'Amico de l'hôpital Saint-Luc de Montréal, émet un bulletin de santé : souffrant d'une infection à la jambe gauche, Lucien Bouchard a subi « deux interventions de drainage et une amputation à mi-cuisse pour contrôler la progression de l'infection » ! Le malade demeure aux soins intensifs dans un état « sérieux mais stable ».

Il n'y a que trois personnes qui, en plus de l'équipe de médecins, soient au courant de la gravité de son état : Audrey Best, son chef de cabinet Gilbert Charland, et son frère Gérard. Ce sont eux qui décident d'imposer un embargo sur toute autre information car, à ce moment-là, la situation paraît désespérée. La myosite nécrosante provoquée par une invasion massive de streptocoques du groupe A — la « bactérie mangeuse de chair » — ne s'est pas arrêtée à la hauteur de la cuisse de la jambe gauche où les médecins ont amputé. Elle remonte maintenant le long de l'abdomen et du thorax. Pour la troisième fois, Lucien Bouchard retourne au Bloc opératoire et on pratique une profonde incision pour nettoyer les muscles et les inonder littéralement d'antibiotiques. « C'est presque un miracle qu'il s'en soit finalement sorti », juge le professeur D'Amico.

« J'arrive de loin et j'ai senti passer le souffle », me dit Lucien Bouchard lui-même quand je le revis pour la première fois à son appartement d'Outremont, moins de deux mois plus tard.

Cette nuit-là, maintenue dans l'ignorance, la population de tout le pays fait preuve d'une solidarité extraordinaire, la presse d'une irresponsabilité totale et quelques individus d'un cynisme mesquin...

Le soir du jeudi 1er décembre 1994, l'émotion de tout le Québec rappelle celle qui le frappait, dans la nuit du 1er décembre 1987, quand il apprenait la mort de René Lévesque. Jacques Parizeau ne peut retenir des sanglots en demandant à Lucien Bouchard de « s'accrocher ». Liza Frulla, au nom des libéraux, « prie très fort ». Le lendemain, un député réformiste de l'Alberta, Jan Brown, dépose une rose jaune sur le pupitre du chef de l'opposition à la Chambre des communes. Lucien Bouchard n'a jamais été autant aimé. Ni aussi puissant sans doute, puisque c'est contre la mort maintenant qu'il se bat.

Devant l'hôpital, au coin du boulevard René-Lévesque et de la rue Saint-Denis, les réseaux de télévision ont installé leurs camions de transmission. Journalistes de la radio et de la presse écrite ne lâchent plus leurs téléphones cellulaires. La nouvelle que Lucien Bouchard est atteint par « la bactérie mangeuse de chair » n'a pas tardé à transpirer : sans même prendre le temps de s'arrêter un instant pour penser au drame humain qui se joue dans la salle des soins intensifs, la fièvre du *scoop* pousse certains journalistes au délire. Tout au long de la nuit, on lui a amputé l'autre jambe, ou un bras. Et aux petites heures du matin, il est sans doute mort. On l'annonce, se retranchant à peine derrière le conditionnel, pour être bien sûr d'être le premier à donner la nouvelle en ondes !

Enfin, le plus mauvais côté de la politique, celui qui fait que « la cause » devient plus importante que les personnes qui la défendent, ne tarde pas à prendre le dessus. À Ottawa, les calculs ont commencé : le Bloc québécois n'a plus que 53 sièges depuis la mort du député de Brôme-Missisquoi, Gaston Péloquin, et son remplacement par un libéral. « Moins Bouchard, ça fait 52, le même nombre que les députés réformistes de Preston Manning ! » se disent ceux qui en ont assez de voir des séparatistes former l'opposition officielle au parlement du Canada.

À Québec, on n'a guère plus de tact. Un service du protocole particulièrement pressé de plaire à ses maîtres pense déjà, dans la nuit du jeudi, à la façon dont on disposerait du corps ! Chef de l'opposition aux Communes, Lucien Bouchard aurait eu droit à des funérailles « nationales », avec drapeau du Canada en berne et garde d'honneur de la Gendarmerie royale en tunique rouge. Mort, Lucien Bouchard pouvait encore être utile à la cause. Incapable de rejoindre la « veuve », le service du protocole téléphone chez le chef de cabinet, déjà au chevet de son patron. La femme de Gilbert Charland, qui reçoit l'appel, pleure au téléphone quand elle rejoint enfin son mari pour lui transmettre le message. La démarche était grossière et inutile, ce que Charland ne tarda pas à faire savoir aux fonctionnaires de Québec ! « Je n'étais pas mort et ils se disputaient mon corps : cela m'a blessé », me confia Bouchard qui croyait que l'initiative venait directement du bureau du premier ministre. « Le protocole a informé le cabinet de ses démarches préliminaires », précise Jean-François Lisée, admettant que c'est le bureau de Bouchard, et non celui de Parizeau, qui est intervenu pour arrêter la macabre opération.

Un autre incident explique les difficiles relations entre Audrey Best et Lisette Lapointe, qui compliqueront singulièrement, quelques mois plus tard, la logistique de la campagne référendaire. Dans la nuit, l'épouse du premier ministre s'est présentée à l'hôpital avec les agents de la Sûreté du Québec chargés de sa sécurité. Malgré la stricte consigne d'isolement du malade imposée par l'hôpital, elle a tenu à pénétrer dans la salle des soins intensifs pour assurer personnellement Audrey Best de son soutien moral. « Quand Audrey a vu, le lendemain, Mme Lapointe se vanter de son geste à la télévision, elle a été choquée, m'a raconté Lucien Bouchard. Entre elles, c'est la rupture totale : Audrey ne veut plus m'accompagner quand elle sait que Mme Lapointe sera là. »

Le vendredi midi, les professeurs D'Amico et Pierre Ghosn donnent enfin une première conférence de presse. Ils se présentent avec une petite feuille de papier sur laquelle Lucien Bouchard leur a griffonné un message qui deviendra vite un slogan pour toute la province : « Que l'on continue, merci ! ». En parlera-t-on de ce message qui s'adressait d'abord à ses médecins ! Ceux-ci venaient de lui annoncer qu'il devait retourner une quatrième fois au bloc opératoire pour qu'on nettoie sa plaie à l'abdomen et refasse les pansements. « Continuez... »

La phrase est rapidement récupérée par les milieux souverainistes, qui y voient un message politique. Lucien Bouchard lui-même, quelques semaines plus tard, au cours de sa première entrevue télévisée, à l'émission *Le Point* de Radio-Canada, affirme au journaliste Jean-François Lépine qu'il s'agissait effectivement d'un message politique. Pourtant, son chef de cabinet avait été catégorique : c'est bien aux médecins qu'il disait de « continuer ». Ses plaies ouvertes le faisaient énormément souffrir et, pendant une semaine, il sera soumis à des doses massives d'analgésiques. Il n'est pas sûr que la souveraineté du Québec l'ait beaucoup préoccupé à ce moment-là ! Mais à la mi-février, au moment de son retour à la vie publique, Lucien Bouchard avait sans doute le goût de faire de la récupération politique lui aussi !

Au moins a-t-on appris que Bouchard ne s'est pas longtemps abandonné aux mains de ses médecins et de ses infirmières. Dès son retour de la première opération, au cours de laquelle on lui avait ouvert la jambe gauche pour en décomprimer les muscles, il avait demandé ce bloc-notes qui lui permettait de demander des nouvelles de sa femme, ou de s'enquérir du moral de ses députés. Le samedi, aussitôt qu'on lui enleva le tube qui soulageait sa respiration, il se fit donner un téléphone pour rassurer sa mère, annoncer en pleurant à un ami intime d'Ottawa qu'il pensait s'en sortir.

« Avant même que j'aie eu le temps de dire quoi que ce soit, raconta Gilbert Charland encore ému, il m'a demandé comment j'allais ! » Lucien Bouchard était pressé de se remettre au travail. Il demandait à son chef de cabinet, retourné à Québec où il habitait pour le week-end, de se présenter le dimanche. Quand Charland arriva à l'hôpital, son patron avait déjà dressé la liste des choses dont il voulait discuter. Il tenait en particulier à surveiller de près ses propres troupes en cette période cruciale : Jacques Parizeau s'apprêtait le surlendemain à déposer, à l'Assemblée nationale, l'avant-projet de loi sur l'avenir du Québec. C'est Gilbert Charland, son homme de confiance, qui lui soumettrait toutes les décisions importantes à prendre tandis que Michel Gauthier dirigerait la stratégie parlementaire et que Gilles Duceppe ferait la liaison avec le Parti québécois. Autrement dit, il n'y aurait pas de chef intérimaire.

Les médecins, qui le font examiner le lundi par un psychiatre pour évaluer comment la perte d'une jambe l'a mentalement affecté, parlent alors d'une période de réadaptation de trois à quatre mois. C'était compter sans la discipline et la volonté de Lucien Bouchard, qui se fixa très tôt un objectif pour sa rentrée politique. Le président des États-Unis devait faire une visite officielle à Ottawa le 23 février suivant et, en tant que chef de l'opposition, Bouchard tenait à le rencontrer. La réhabilitation, commencée au début de janvier, dura donc sept semaines au lieu des « trois ou quatre mois » prévus !

Le mardi suivant son hospitalisation, il passe, pour la cinquième fois en une semaine, au bloc opératoire afin qu'on débride les muscles de sa cuisse et ferme le moignon où s'appuiera sa prothèse. Les messages affluent à l'hôpital Saint-Luc et il passera deux mois à répondre personnellement à des milliers de correspondants. Car le formidable élan de sympathie dont il a été l'objet l'a beaucoup touché, en particulier celui qui venait du Canada anglais.

« Drôle de pays que nous avons là ! me dit-il quelque temps après. Nos rapports ne sont pas si mauvais, ils sont même corrects, civilisés et parfois un peu conviviaux. Mais on n'a jamais réussi à transposer en solutions collectives les rapports individuels souvent agréables qu'on a avec nos concitoyens de langue anglaise, ceux de l'extérieur du Québec en particulier [...] J'avoue qu'il y a là un mystère que je n'ai pas réussi à percer.»

Bouchard est gêné, voire agacé, de la compassion que son état inspire. «Je ne veux pas qu'on me touche, qu'on tente de m'aider, qu'on me rappelle ça, me dit-il en décembre 1995 — alors qu'on venait de lui signaler la présence d'une petite marche à l'entrée de l'hôtel où nous nous rencontrions! J'évite de me trouver trop souvent dans des événements où on me demande de me solidariser avec des handicapés. Cela me préoccupe personnellement mais je ne veux pas l'exprimer politiquement au-delà du nécessaire parce que je ne veux pas que ce soit exploité.»

Son handicap l'a rendu encore plus irascible. Déjà, il n'aimait pas qu'un document prenne trop de temps à arriver sur son bureau, ou que son chauffeur se trompe de chemin. Maintenant, quand la rampe d'escalier qu'on lui a aménagée pour accéder à certaines tribunes branle un peu trop, «j'ai des sautes d'humeur», avoue-t-il. Mais il ne se fait pas d'illusion : «Si le capital politique dont je jouis était uniquement lié au fait que j'ai été malade et que j'ai perdu une jambe, ce serait très passager.»

Tel n'est pas l'avis de certains. Son ami de l'Université Laval et néanmoins adversaire en politique, Bernard Roy, pense que son flirt avec la mort lui donne «un attrait presque mythologique». Tel Orphée revenu des enfers, le peuple qui l'a cru mort dans la nuit du jeudi 1er décembre 1994, lui vouerait maintenant un culte particulier ?

« Les Québécois ont souvent cherché des alibis, des substituts et des solutions de remplacement dans les individus, reconnaît-il lui-même. Ils ont le culte des héros et misent beaucoup sur eux, mais un leader ne remplace pas une population. La souveraineté, il va falloir qu'elle soit d'abord dans le cœur des Québécois. Qu'il y ait des chefs qui essaient de tracer la voie, oui ! Mais ils ne vont pas remplacer l'adhésion populaire. » Justement, pendant qu'il est à l'hôpital, il s'en passe des choses au Québec. Le 6 décembre 1994, à l'ouverture de la session à l'Assemblée nationale, le Gouvernement avait lancé sa campagne référendaire en déposant un court avant-projet dont la particularité est qu'il commençait par... une page blanche ! Le préambule qui devait s'y trouver, une « Déclaration de souveraineté », constituerait une sorte de projet de société et serait écrite, collectivement, par l'ensemble des Québécois. Seize commissions régionales feraient le tour des régions pour recueillir les idées de la population.

Le plan initial prévoyait le dépôt d'un projet de loi complet, incluant une « déclaration de souveraineté » dûment rédigée, « enclenchant » ainsi le processus d'accession du Québec à la souveraineté. Regardant la télévision de son lit d'hôpital et suivant la conférence de presse de Jacques Parizeau en direct, le chef du Bloc n'est pas surpris de ce qui constitue un changement de stratégie : avec d'autres, il a convaincu le premier ministre de faire preuve d'un peu plus de prudence.

Le plan B du premier ministre prévoyait maintenant qu'on demanderait à la population d'approuver un projet de loi autorisant l'Assemblée nationale à proclamer la souveraineté un an après la victoire d'un oui au référendum. « L'astuce » dont Jacques Parizeau avait fait grand cas était qu'ainsi, en cas de victoire du non, les Québécois n'auraient pas rejeté la souveraineté mais seulement un projet de loi proposé par le Gouvernement.

Selon ce nouveau projet, la souveraineté donnait au gouvernement du Québec le pouvoir exclusif d'adopter les lois qui s'appliqueraient sur son territoire, de prélever tous les impôts et de conclure tous les traités internationaux. Il affirmait aussi le maintien des frontières actuelles du Québec, offrait la double citoyenneté, adoptait le dollar canadien comme monnaie légale, assurait la continuité des pensions, des prestations, des permis et des contrats en cours avec le gouvernement du Canada et promettait l'intégration de tous les fonctionnaires fédéraux à la Fonction publique du Québec.

Les choses allaient plutôt bien pour Jacques Parizeau puisqu'il avait réussi à recruter deux anciens collègues de Lucien Bouchard dans le cabinet de Brian Mulroney — Marcel Masse et Monique Vézina — de même que des notables de toutes les régions comme le maire de Québec, Jean-Paul L'Allier, pour présider ses commissions régionales. L'Action démocratique de Mario Dumont avait accepté d'y déléguer des représentants. À vrai dire, le premier ministre avait pratiquement reconstitué la coalition d'organismes qui avaient participé à la Commission Bélanger-Campeau sur l'avenir politique et constitutionnel du Québec, à l'exception du Parti libéral et de quelques organismes patronaux.

Ce ne sont pas tant les stratégies du Gouvernement qui étaient mauvaises que la population qui se montra décevante. Les audiences régionales tournèrent rapidement au cirque. Beaucoup de gens qui s'y présentaient venaient là pour se défouler ou défendre leurs petits intérêts. « Je veux bien comprendre que le drame des *videopokers*, ce soit un drame transcendental, raillait Lucien Bouchard lorsque je le revis le 17 février.

Mais que ce soit cela qui affleure à l'occasion d'un grand débat sur l'avenir politique, ça m'inquiète. » Mais ce n'était pas forcément la faute des gens. Le même jour, Jacques Parizeau avait reconnu lui-même qu'il y avait « un nœud » avec la stratégie proposée. Bouchard le savait lui aussi et ne se gêna pas pour multiplier les mises en garde en ma présence : « Une des exigences qu'il faut imposer aux dirigeants politiques, c'est d'être capables de lire ce que les gens veulent. On voit bien actuellement que les Québécois ont des hésitations, qu'ils se posent des questions, mais ce n'est pas vrai qu'ils sont heureux dans la situation actuelle [...] Je sens que toute la force des Québécois, toute leur solidarité ne sont pas mises à contribution. C'est en friche et je n'aime pas ça ! »

Voilà l'avertissement lancé ! Je suis un peu surpris du ton des propos de Lucien Bouchard. Je viens de le voir se lever pour embrasser un de ses fils, trébucher parce qu'il avait oublié de bloquer l'articulation de sa prothèse. Il me semble même encore un peu pâle et amaigri dans son gilet gris, sans chemise et sans cravate. Je m'attendais presque à ce qu'il m'annonce qu'il renonçait à la politique... « La politique me paraît plus importante que jamais, me dit-il en riant, amusé de ma surprise. Quand on revient de si loin, qu'on s'en tire, on se dit : " Le temps qui m'est donné — car ce sont toujours des sursis qui nous sont donnés —, je vais l'utiliser au maximum pour les vraies affaires " [...] Oui, je me suis ennuyé de la politique ! Quand on est dedans, on sacre contre elle : " Maudite politique ! " Une des raisons pour lesquelles j'ai poussé sur la réadaptation c'est que j'avais hâte de revenir : il s'en passe des choses et il y a des affaires que je voudrais dire ! »

Lucien Bouchard a vraiment décidé de prendre sa vie en main ! Cela fait à peu près 10 ans qu'il s'est lancé dans la vie publique, 5 ans qu'il dirige une formation souverainiste, mais cela ne lui suffit plus : « Je n'ai jamais rien fait de très important, me dit-il, j'ai uniquement construit des camps d'approche pour les autres qui voulaient gravir l'Everest. Cela fait 5 ans que je fais ça mais le sommet est toujours là et à un moment donné, il faut y aller au sommet ! »

« Le sommet » ! À partir de ce jour-là, mais on ne l'a pas compris tout de suite, Bouchard tend toutes ses énergies à gravir les trois marches qui le séparent du sommet : puisque la stratégie n'est pas bonne, *il faut lui imposer un virage* ; quand on a une telle confiance en soi, *il faut diriger les troupes soi-même* ; et si on se pense le meilleur, *il faut être seul pour gouverner.*

Lucien Bouchard a-t-il déjà décidé de prendre la place de Jacques Parizeau ? Il y pense en tout cas !

Quand, à la mi-mars 1995, la journaliste Manon Cornellier lui demande s'il aimerait devenir premier ministre, la réponse ne tarde pas : « C'est comme demander à un évêque s'il a envie d'être pape : tous les évêques rêvent de devenir pape... »

CHAPITRE 11

LE « PUTSCHISTE »

Quand il reprend ses activités publiques, pendant le week-end du 18 février 1995, Lucien Bouchard surprend par sa forme physique et sa vivacité intellectuelle. Par sa détermination aussi : pendant un temps, il est soudain redevenu le « franc-tireur » qui a donné tant de fil à retordre aux progressistes-conservateurs de Brian Mulroney. Ce sont maintenant les souverainistes qui vont subir ses dérapages... Trois dérapages !

D'abord, les souverainistes n'attendaient pas Bouchard si tôt. Les médecins avaient parlé d'une réadaptation de « trois à quatre mois » et ils avaient « réservé » sa rentrée politique pour le 22 mars, à l'occasion du lancement, dans la capitale, des travaux de la Commission nationale sur l'avenir du Québec, en présence des chefs du Parti québécois et de l'Action démocratique et de tous les présidents des Commissions régionales.

C'est plutôt l'autre capitale que Lucien Bouchard choisit, la sienne : « La Chambre des communes, c'est mon usine, ma job, mon employeur », expliqua-t-il. Il ne voulait surtout pas manquer son rendez-vous avec Bill Clinton le 23 février : un chef souverainiste en tête-à-tête avec le président des États-Unis, pas un seul premier ministre du Québec n'avait encore eu droit à tel privilège !

Beaucoup s'attendaient à voir un chef du Bloc diminué, certains prétendaient même qu'il ferait une rechute, ou qu'il subirait un choc psychologique terrible. Physiquement, Bouchard était déjà en grande forme avant sa maladie : il est discipliné, ne fume pas, ne termine même pas l'unique verre de vin qu'il consent à se laisser servir dans les dîners officiels. C'est sans doute pour cela, selon ses médecins, qu'il a si bien résisté à l'attaque foudroyante de myosite nécrosante. La perte d'une jambe l'oblige à consacrer davantage d'énergie au moindre déplacement. « Sa jambe droite est devenue un incroyable amoncellement de muscles », disent ceux qui le fréquentent de près. Et il a rapidement appris à se débrouiller sans aide. Un jour qu'il se promenait sur le terrain d'un ami, il a trébuché sur une motte de terre et s'est étalé de tout son long, la figure contre le gazon. Quand ses deux compagnons de marche se sont précipités pour l'aider, il a brutalement refusé leur aide et, après quelques contorsions, s'est relevé tout seul.

Selon ses thérapeutes, l'entraînement physique a également eu des effets bénéfiques sur ses capacités intellectuelles : « Il était tellement préoccupé par sa forme physique qu'il a développé une capacité de concentration qu'on ne lui connaissait pas auparavant. » Il en aurait besoin : avec Jacques Parizeau, il s'attaquait maintenant à forte partie...

« Parizeau, c'est l'homme d'une ligne, me dit Lucien Bouchard juste avant sa première sortie officielle. Il a un schème de référence et on ne peut l'en faire déroger. Lui, il s'enligne, il joue gros jeu, il ose ! *Statu quo* ou souveraineté* : pour les Québécois qui n'aiment pas prendre de décision, c'est tout un drame ! »

Justement, les Québécois n'aiment pas la question qu'on s'apprête à leur poser au référendum. Ils l'ont fait savoir pendant les audiences des Commissions régionales. « Ben... il n'est pas encore déclenché, ce référendum ! fait remarquer le chef du Bloc. M. Parizeau a certainement dû, lui aussi, écouter ce qui s'est dit dans les Commissions et je postule que la décision de le déclencher va être prise en fonction de l'intérêt du Québec. »

Postulat : « Principe indémontrable qui paraît légitime, incontestable ». Lucien Bouchard a dû retenir cela de ses cours de logique à l'externat classique Saint-Michel de Jonquière !

Au *bunker*, l'édifice de la Grande-Allée à Québec dans lequel se trouve le bureau du premier ministre, on n'aime pas ça du tout. On savait très bien, dans l'entourage de Jacques Parizeau, qu'il faudrait rajuster le tir, mais Bouchard n'était quand même pas obligé de dire en public qu'il est « inquiet », qu'il « n'aime pas ça », qu'il n'est « le conscrit de personne ».

« On avait de la difficulté à gérer ça, se souvient Jean-François Lisée. Bouchard était un peu décalé puisqu'il sortait de convalescence : il dit des choses, en rajoute un peu plus *off the record*. Et comme la meilleure histoire en ville c'est la virtuelle, possible, future antinomie entre les deux chefs, la rentrée de Bouchard, qui aurait dû être un événement bénéfique à la souveraineté, a plutôt nui et alimenté la morosité. »

Dans les coulisses, c'est encore pire. « Il y a eu trois ou quatre épisodes qui ont amené ces deux-là [Parizeau et Bouchard] au bord du point de rupture », révèle Bernard Landry, vice-premier ministre et numéro deux du Parti, qui joua les médiateurs pendant ces deux mois de février et de mars.

Une incroyable partie de bras de fer se joue autour de trois questions entre les deux chefs du camp souverainiste : Faut-il promettre un deuxième référendum pour entériner le Traité d'association qu'un Québec indépendant négocierait avec le reste du Canada ? Faut-il au moins s'engager à faire une offre de partenariat au reste du Canada avant de proclamer l'indépendance ? Et qui serait le meilleur chef du camp du oui ?

« Bouchard a eu l'intelligence de comprendre que je ne le laisserais pas aller trop loin, me dit Bernard Landry après la campagne référendaire : Parizeau avait besoin de Bouchard pour obtenir ce qu'il voulait vraiment, c'est-à-dire la souveraineté. Mais Bouchard se disait : je suis mort si j'ai Parizeau et Landry contre moi. »

Depuis la mi-février, Bouchard réclamait la tenue d'un deuxième référendum, mais « Parizeau ne me donnait jamais de réponse », raconte-t-il. Louise Beaudoin, aujourd'hui ministre de la Culture et des Communications et responsable de la Charte de la langue française, et Monique Simard, alors vice-présidente du Parti et maintenant député de La Prairie, étaient dans le coup. « Monique, je ne le savais pas, proteste Bouchard. Louise c'est différent : nous nous fréquentons en couples à Outremont. Mais ce n'étaient pas des rencontres politiques formelles, je n'ai pas fait d'opération ni demandé à qui que ce soit de recueillir des appuis pour telle ou telle position. »

Il n'y a donc pas eu de « putsch », selon lui, mais Parizeau s'est senti bousculé. « J'ai peur que cela ait laissé quelque chose entre les deux hommes », dit Landry.

Pour comprendre l'attitude du chef du Parti québécois et de l'aile radicale de son parti qui l'a suivi en 1984 lorsqu'il a démissionné en protestant contre le

« beau risque », il faut se souvenir du passé de Lucien Bouchard. Lui, il a frayé dans toutes les formations politiques, il s'est mis au service du gouvernement fédéral avec beaucoup de zèle, il n'a même pas sa carte de membre du PQ. Bernard Landry résume bien l'attitude des « purs et durs » du Parti québécois à son égard : « Je me méfie de ceux qui ont tout facilement, cuit dans le bec. Bouchard, ça sent un peu ça : il est nommé ambassadeur comme ça ! Parizeau et moi, on a été battus, on en a mangé sur la gueule ! On a été blessés, marqués, et je disais souvent à Marc-André Bédard : " Lucien est un homme porté par la facilité ". » Parizeau, on ne l'aime pas. Il le sait et il en souffre. « C'est parce que je ne lâche pas le cap de la souveraineté que je suis l'ennemi public numéro un, me dit-il en mars 1994. Injurié comme je l'ai été, ça laisse des traces, croyez-moi ! Mais je ne veux surtout pas lâcher, je fais exprès de ramener la souveraineté sur le tapis : le vote va être pris par des gens qui y auront bien pensé. Si je n'ai contribué qu'à clarifier les choses, c'est déjà quelque chose d'important. Je suis sorti du référendum de 1980 en me disant : " Jamais plus ! ". »

Mais voilà que Lucien Bouchard ose lui demander de retourner aux louvoiements de 1980, aux questions ambiguës, aux offres de partenariat. Ce n'était pas tout à fait la souveraineté-association mais cela commençait à y ressembler beaucoup. Les journalistes, eux, ne s'étaient pas gênés de faire le rapprochement. Le seul point sur lequel Bouchard était clair — et c'était déjà beaucoup ! — c'est que « la souveraineté d'abord », ce n'était pas négociable.

L'idée d'un deuxième référendum, selon Bouchard, « c'était pour donner plus de quiétude et d'assurance à ceux qui allaient voter oui : le peuple nous envoyait négocier puis on lui revenait pour lui permettre de juger du résultat ». Louise Beaudoin, son alliée ou du moins sa confidente des cafés de la rue Bernard, à Outremont, lui avait-elle rappelé l'aversion de Parizeau pour cette stratégie concoctée par le ministre des Affaires intergouvernementales de René Lévesque, Claude Morin ? Ou Claude Morin lui-même l'avait-il mis en garde puisque, revenu en grâce, il était de temps à autre consulté par l'entourage de Lucien Bouchard ?

« Je ne pouvais pas aller plus loin sans casser le mouvement, dit Bouchard en expliquant son échec. Même Landry ne m'aurait pas suivi et, comme je voulais que l'idée du partenariat soit dans le portrait, j'ai lâché du lest en cours de route : j'ai renoncé à la promesse d'un deuxième référendum pour obtenir le mandat de négocier le partenariat. »

Il y a eu deux rencontres « de claquage de portes », comme dit Bouchard. Le 26 mars, les deux chefs et leurs principaux conseillers, Gilbert Charland pour le Bloc et Jean Royer pour le PQ, se rencontrent à la résidence de Parizeau, avenue Robert à Outremont. Puis, à l'hôtel *Delta* de Montréal le 31 mars, c'est avec l'ensemble du comité conjoint de stratégie du Bloc et du Parti québécois qu'ils se réunissent.

Lucien Bouchard reste ferme sur son idée de faire au moins une offre de partenariat au reste du Canada après la victoire d'un oui au référendum. Cette fois, Bernard Landry est de son côté. « J'étais obligé de prendre parti pour Bouchard, raconte le vice-premier ministre, je savais que c'est là qu'il fallait aller. »

Entre les réunions du 26 et du 31 mars, Landry mange avec son chef. « Je lui ai dit mon admiration pour lui, lui ai parlé de son rôle historique pour essayer de panser d'avance les blessures. Le partenariat, pour moi qui avais écrit le livre sur le libre-échange — *Commerce sans frontières* —, c'était pas de la fantaisie.

J'avais pas à marcher sur ma conscience et mes convictions pour faire ça.»
« La dernière rencontre a été difficile et ça n'a pas fonctionné, raconte Bouchard. Alors là, j'ai averti tout le monde : "J'ai un congrès qui s'en vient [le 7 avril à Montréal]. Le Bloc a investi 200 000 $ pour faire ce premier congrès, peut-être le dernier, avec près de 1500 personnes, tous des élus, qui viennent à Montréal pour décider des choses. Il va falloir qu'on prenne des positions." Ça, je les ai bien avertis!»
Pendant les jours qui ont suivi, Lucien Bouchard travaille à son « important discours sur la souveraineté » avec Gilbert Charland, Pierre-Paul Roy, son conseiller spécial, et Daniel Turp, président de la Commission politique du Bloc. Le matin du Congrès, Gilbert Charland montre une première version du discours à Jean Royer qui semble satisfait : « C'est correct, c'est pas trop *rough* », dit-il. Mais Bouchard n'a jamais fini d'écrire un discours. Avec lui, il n'y a jamais de « dernière » version...
Dans la journée, il se réunit avec ses conseillers au siège du Bloc, boulevard de Maisonneuve à Montréal. Il n'arrête pas de changer des paragraphes de place et de « rajouter des affaires », tandis que son adjointe exécutive, Lyse Pelletier, venue spécialement d'Ottawa, fait ce qu'elle peut pour suivre le rythme et introduire les changements dans son ordinateur. Vers 16 heures, on croit en être à la version « finale » mais Bouchard dit à ses conseillers : « Qu'est-ce qu'on veut qui sorte de ce discours, quel est le mot qui qualifierait le discours et que les journalistes retiendront ?»
Chacun va chercher un dictionnaire dans les bureaux de la permanence du Bloc maintenant déserte et propose toutes sortes de formules, de mots comme « réexamen ». Finalement, chacun en est bien cons-

cient, c'est un « virage » que Bouchard propose. En ont-ils cherché pourtant d'autres mots, dans le dictionnaire des synonymes !

« C'est quoi qu'on fait ? dit enfin Bouchard, impatient. Un virage ? Disons-le donc que c'est un virage puisque c'est le mot !» Il est 17 h 15 et le chef du Bloc doit retourner chez lui pour se changer avant le discours qu'il prononce à 20 heures. Gilbert Charland fait un dernier rapport à Jean Royer : « Dans l'ensemble, c'est à peu près la même chose que ce matin. » Il oublie de mentionner le mot *virage*...

Dans l'entourage de Jacques Parizeau, on eut vraiment l'impression que Lucien Bouchard les avait sciemment piégés.

Le soir du 7 avril, Jacques Parizeau est dans la grande salle du Centre des congrès de Montréal. Jean Royer l'a prévenu, mais pas de tout ! Il fige quand il entend Lucien Bouchard évoquer « le virage que le projet souverainiste doit prendre rapidement ». Et voilà que le chef du Bloc explique, avec force détails, où il faut se rendre !

Reprenant la thèse qu'il a développée dans le programme du Bloc pour l'élection fédérale de 1993, et de laquelle il n'a jamais vraiment dérogé, Lucien Bouchard demande publiquement à Jacques Parizeau « d'examiner sérieusement l'opportunité d'encadrer le projet de souveraineté par des institutions communes, voire de nature politique ». *Conférence parlementaire* réunissant des élus des deux États souverains, *Conseil communautaire* rassemblant des ministres des deux gouvernements, *Secrétariat* conjoint, *Cour de justice* commune, *Commissions administratives* bipartites : « Il n'y a pas de honte à s'inspirer de ce qui se fait ailleurs [dans l'Union européenne de Maastricht] et qui pourrait être bénéfique au Québec et au Canada », explique le chef du Bloc à ses 1500 militants dont les deux tiers, comme lui, n'ont pas de carte du Parti québécois dans la poche.

Lucien Bouchard vient d'envoyer au panier l'avant-projet de loi sur l'avenir du Québec et il définit lui-même le projet de souveraineté. Il ne s'en excuse même pas : « Nous, du Bloc, on a jugé qu'il fallait aller jusque-là », dit-il le lendemain. Parizeau a quitté pour Québec sans dire un mot. « Il a mon entier appui, dit Bouchard, mais en attendant sa décision, je dois attendre : je ne signe pas de chèque en blanc ! »

Pourtant, le premier ministre avait eu le beau geste, la veille du congrès du Bloc, d'annoncer que son référendum serait reporté à l'automne 1995. Cela non plus ne suffit pas ! « Il n'y a rien en démocratie qui oblige personne à tenir un référendum, insiste Bouchard. Tout ce qu'on a convenu, Parizeau et moi, c'est qu'il devrait être tenu, si possible, en 1995, ce qui veut dire si nous pouvons réunir des conditions favorables. Si les fédéralistes pensent qu'on va leur faire un référendum perdant, ils vont attendre longtemps. »

Quelques heures plus tard, Jacques Parizeau remet brutalement les pendules à l'heure : « Il y a au moins une question sur laquelle personne ne doit avoir de doute, je suis le premier ministre du Québec ! »

Le lendemain, quand tous les partenaires du camp souverainiste se sont réunis, l'atmosphère était plutôt tendue. Jacques Parizeau fit comprendre qu'il n'irait pas plus loin dans cette spirale descendante qui le ramenait à l'étapisme. Quant à Bouchard, il reconnaissait qu'il en avait assez dit. Il partait en vacances cette semaine-là : cela tombait bien !

Le 19 avril, la Commission nationale réconcilie Bloc et Parti québécois en réitérant que la souveraineté est la seule option capable de satisfaire les aspirations des Québécois mais recommandant du même souffle que la version finale de la Loi sur l'avenir du Québec précise que la proclamation de la souveraineté sera précédée d'une offre formelle de partenariat économique et politique avec le Canada.

Tout le monde était donc satisfait et il ne restait plus au premier ministre qu'à reprendre l'initiative.

« Quand bien même on aurait voulu prendre le virage proposé par Bouchard, dit le négociateur de Parizeau, Jean-François Lisée, à son patron, la cartouche est brûlée : il faut carrément aller plus loin. Quand les conseillers de Nixon se demandaient s'il fallait laisser la Chine entrer à l'ONU alors que Taïwan y était, le président a dit : " Oubliez ça. Je reconnais la Chine, et je m'y rends ! " Il faut, nous aussi, créer une situation nouvelle et sortir par le haut, poursuit Lisée. Il faut aller au-delà de ce que Bouchard a proposé, faire un vrai virage avec du contenu et en retirer un dividende supplémentaire, ce qui, pour nous, est d'aller chercher Dumont. »

L'entente entre le Bloc québécois, le Parti québécois et l'Action démocratique qui sera signée le 12 juin faisait intégralement partie du mandat que Parizeau donna alors à ses négociateurs. « Dès la deuxième réunion, on s'est rendu compte qu'il faudrait être assez mauvais pour ne pas réussir », affirme encore Lisée.

Le principe même d'une union économique et commerciale, de même que la constitution d'un Conseil conjoint des ministres des deux gouvernements et la création d'un tribunal pour régler les différends commerciaux entre les deux partenaires ne posaient pas de problème aux dirigeants du Parti québécois. On restait dans la ligne du Traité avec les États-Unis que le Québec avait massivement appuyé. « Dans le fond, résume Guy Chevrette, c'était un virage qui officialisait ce qu'on se disait entre nous dans les corridors mais

qu'on craignait d'afficher en public à cause des purs et
durs du Parti.» La proposition d'une «Assemblée parlementaire du
partenariat» posait par contre un sérieux problème.
Outre qu'elle n'était pas très réaliste, elle signifiait que
l'Assemblée nationale n'aurait pas « le pouvoir exclusif
d'adopter toutes ses lois, de prélever tous ses impôts et
de conclure tous ses traités». C'est le groupe de Daniel
Turp qui eut l'idée d'une Assemblée délibérante sans
pouvoirs réels, sans pouvoir de taxation en particulier.
L'Action démocratique du Québec eut de son côté
ce qui, à l'époque, ne paraissait pas encore comme une
idée de génie mais qui allait donner l'occasion au camp
du oui de prendre un grand tournant stratégique en
plein milieu de la campagne référendaire. Le projet de
loi sur l'avenir du Québec prévoyait qu'après une victoire du oui, le gouvernement du Québec ferait une
offre formelle au reste du Canada mais que l'Assemblée nationale conservait le pouvoir de proclamer la
souveraineté au bout d'un an maximum si, par exemple,
le reste du Canada refusait de négocier. Mario Dumont
non plus « ne signe pas de chèques en blanc »! Les
négociateurs de l'ADQ proposèrent donc la création
d'un « Comité d'orientation et de surveillance des négociations », formé de personnalités indépendantes
agréées par les trois partis.
    Le 12 juin, au *Château Frontenac*, Jacques Parizeau,
Lucien Bouchard et Mario Dumont signent cette
entente qui allait faire passer l'appui en faveur du projet
souverainiste de 40 ou 45 pour cent où il était alors, à
50 pour cent des suffrages ou un peu plus...
    À partir de la mi-juin et pendant les trois mois qui
ont précédé la campagne référendaire, les trois chefs
du camp souverainiste d'une part, leurs directeurs de
cabinet d'autre part, se rencontrent chaque semaine.

« Il y a eu un phénomène de solidarisation qui a survécu aux plus difficiles moments », affirme Jean-François Lisée. Ils en eurent besoin pendant les trois semaines au cours desquelles ils mirent au point la question référendaire, de même qu'au moment du lancement de la campagne quand le oui avait de 7 à 10 points de retard sur le non.

« Bon ! dit quelqu'un. Maintenant qu'on a une entente, ça nous prend un chef... » Troisième dérapage !

Les gens restent discrets sur l'identité de celui qui eut cette idée et qui a sûrement dû se faire foudroyer du regard par Jacques Parizeau ! C'est assez curieux d'y avoir pensé, d'ailleurs : la Loi sur les consultations populaires implique que les chefs des camps du oui et du non soient le premier ministre et le chef de l'opposition. Le référendum n'est qu'une vaste entreprise de consultation pour le Gouvernement et l'Assemblée nationale dont il est issu. Il est donc tout naturel que ce soient les chefs siégeant au Parlement qui dirigent la consultation.

Quoi qu'il en soit, c'est le numéro deux du Parti québécois, Bernard Landry, qui a tenté de convaincre Jacques Parizeau de céder sa place à quelqu'un d'autre. « Bernard est celui qui a essayé le plus de convaincre Monsieur d'accepter quelqu'un de l'extérieur », affirme Guy Chevrette.

« Pourquoi pas un triumvirat ? » suggèrent les négociateurs du Parti québécois. Parizeau serait président de ce Comité exécutif des trois chefs de parti. « Mario Dumont a tout de suite accepté mais Lucien Bouchard a refusé », dit Lisée.

Au sein de la petite famille souverainiste, plus l'été avançait, plus on s'agitait. Pour ne pas froisser Jacques Parizeau, on suggérait toutes sortes de noms de prestige, celui de Claude Béland revenant le plus souvent.

Mais le seul nom que tout le monde a en tête et que personne n'ose proposer, c'est celui de Lucien Bouchard. Bernard Landry est d'accord. Monique Simard est d'accord. Et Louise Beaudoin, et Guy Chevrette... Devant cette mouvance qui prenait de plus en plus l'allure d'un « putsch », le président du Parti québécois cède. Au cours de l'été, on ne sait trop quand, il est prêt à s'effacer. Puis un beau matin, Parizeau arrive au comité de stratégie : il avait reçu des avis légaux. « Je ne peux pas laisser ma place à un autre, la loi me l'interdit », dit-il.

« Il n'était pas seul », m'expliqua un jour Guy Chevrette en suivant du regard Lisette Lapointe qui passait justement par là.

Le 7 septembre, le Gouvernement fait connaître la question référendaire : « Acceptez-vous que le Québec devienne souverain, après avoir offert formellement au Canada un nouveau partenariat économique et politique, dans le cadre du projet de loi sur l'avenir du Québec et de l'entente signée le 12 juin 1995 ? »

Pendant quelques jours, Lucien Bouchard se désintéresse de la campagne. Il n'y croit plus, tant les sondages sont mauvais. Il refuse de se rendre au Grand Théâtre de Québec où, en grande pompe, le Gouvernement fait lire la « Déclaration de souveraineté » par Gilles Vigneault et Marie Laberge. « De mauvais goût », me dit-il le 11 septembre, en parlant des offres d'emploi qui l'attendent et de ses projets de vacances en Espagne.

« Et après ? lui demandé-je.

— Cela dépend de ce qui se passera à Québec », répond-il, énigmatique...

Il est trop tard pour reculer de toute manière. Il y a maintenant une question, un comité référendaire, un chef. La campagne peut commencer. « Mais quel rôle va-t-on donner à Lucien Bouchard ? » se demande-t-on soudain au *bunker*.

L'idée d'en faire le négociateur en chef du nouvel État souverain avait été évoquée dans l'entourage de Jacques Parizeau au printemps. Mais à la blague : « On va l'envoyer négocier lui-même son Maastricht », disait-on. À la fin de l'été, l'idée devient impérieusement sérieuse. La campagne du oui a plutôt mal commencé : c'est Parizeau qui accroche et on commence à le dire ouvertement dans les couloirs de l'Université de Montréal où, le 7 octobre, le Conseil général du PQ est réuni.

Je parle ce matin-là avec Louise Harel quand une militante nous interrompt brutalement : « Faut que je vous parle parce que vous êtes une des rares que je respecte encore, dit-elle à la ministre de l'Emploi et de la Sécurité du revenu. Quand est-ce que vous allez dire à Parizeau que c'est plus sa gueule qu'on veut voir et qu'on veut qu'il laisse sa place à Bouchard sur l'autobus ! »

« C'est dit ! » répond Louise Harel, un peu gênée. Son collègue député de Richelieu, Sylvain Simard, tellement diplomate que Lucien Bouchard en fera son ministre des Relations internationales, ajoute : « Ça prend un *swing* qui vient d'en haut. »

Pour un *swing*, c'en sera tout un ! Quelques heures plus tard, Parizeau annonce que la nomination de Lucien Bouchard en tant que négociateur en chef a été approuvée par les trois chefs souverainistes et les membres du Comité d'orientation et de surveillance des négociations. Il était temps ! La foule des mili tants se met à scander : « On va gagner ! On va gagner ! » Cette fois, le « virage » que Lucien Bouchard fait prendre à la campagne des souverainistes est le bon...

« Cette période fut encore plus difficile pour Parizeau que pour Bouchard, raconte Bernard Landry. Ce fut très dur pour cet homme qui n'a pas démérité de la patrie, qui voyait que l'autre était plus aimé et porté par la vague alors que les mérites respectifs, au fond, n'étaient pas forcément du côté de la vague... Parizeau, c'est 30 ans de militantisme, de réflexion, de profondeur, d'injures, d'insultes, de blessures, et puis c'est l'autre que la vague porte ! Cela prend de la grandeur d'âme en maudit pour en prendre acte et dire en plus : " T'es le négociateur en chef ", ce qui veut dire : " Tu prends *de facto* l'avant-plan de la campagne. " Ça va être retenu dans les livres d'histoire.»

De fait, il ne fallut pas moins de quatre jours à Jean Royer, le plus fidèle et le plus loyal collaborateur de Parizeau, pour le convaincre d'accepter de s'effacer !

On découvrait enfin le plan des souverainistes, celui que même Jean Chrétien et ses stratèges du Conseil privé ont avoué ne pas avoir vu venir ! Dans un premier temps, avec son projet de loi sur l'avenir du Québec, Parizeau a montré qu'il était sérieux avec la souveraineté et que ses partenaires étaient prêts à le suivre jusqu'au bout. Puis, avec la nomination de Lucien Bouchard, il montra que son offre de partenariat, ce serait du concret ! Et pendant la dernière partie de la campagne, les souverainistes allaient parler de l'alternative proposée par les fédéralistes et faire son procès.

Ça, c'est Lucien Bouchard qui s'en charge, fort de la crédibilité que lui a donné son passé de ministre fédéral, de champion de l'Accord du lac Meech, de partisan de la « énième dernière chance ». Son discours sur les complots contre le Québec, «dans la cuisine d'un hôtel et dans la boucane des cigares », sur « l'hypocrisie » du Manitoba et de Terre-Neuve qui rejettent l'Accord du lac Meech, ses appels à la solidarité « pour endiguer cette vague de droite qui balaie le Canada », cela fait 5 ans qu'il répète ce numéro-là ! Et surtout, cette allocution télévisée le soir du 25 octobre, en direct sur tous les réseaux de télévision, francophone et anglophone, et cette page du *Journal de Québec* du 6 novembre 1981 qu'il brandit soudain, avec la photo de Pierre Trudeau et de Jean Chrétien, hilares, et le gros titre, « Le Québec est trahi ! » : tout cela résume ce que la moitié du Québec ressent et laisse l'autre moitié sans réponse.

Les sondages du gouvernement fédéral ne permettent plus d'entretenir aucun doute : une semaine avant le vote référendaire, le oui a sept points d'avance. Jean Chrétien, qui jusque-là promet au Canada anglais que « ce sera le dernier référendum parce que les gens sont tannés au Québec », se jette dans la bataille. Trois interventions majeures du premier ministre du Canada dans la dernière semaine — le 24 à Verdun, le 25 à la télévision, et le 27 encore à Montréal à l'occasion d'un vaste rassemblement de 60 000 à 70 000 citoyens de tout le pays : c'est cela sans doute, plus que la campagne du chef du camp du non, Daniel Johnson, qui a fait la différence.

De son côté, le camp du oui commence à croire à sa victoire. Jacques Parizeau se fait écrire un grand discours de réconciliation et d'apaisement qu'il enregistre à l'avance, au cas où, dans les studios de Radio-Québec. « Une décision simple et forte a été prise aujourd'hui : le Québec deviendra souverain. Qu'on lui prépare une place à la table des nations. »

Le soir du 30 octobre, au terme d'un incroyable suspense, c'est l'impasse : non, 50,48 pour cent des suffrages exprimés ; oui, 49,52 pour cent. Le slogan des souverainistes — « Ça devient possible » — prend soudain un nouveau sens.

« Au fond, c'est vrai, on a été battus par l'argent et les votes ethniques essentiellement », laisse tomber le chef du camp du oui.

C'est tout ce qu'on retient de ce discours qui, après coup, a l'air d'un testament politique : « C'est raté mais pas de beaucoup, dit-il aux 2 280 697 Québécois qui l'ont suivi. Voulez-vous : on va parler de nous. On a voté pour à 60 pour cent, on s'est bien battus mais on a perdu par une petite marge, quelques dizaines de milliers de voix. Dans un cas comme ça, qu'est-ce qu'on fait ? On se crache dans les mains et on recommence. J'aurais tellement voulu que ça passe, on était si proches d'un pays, c'est retardé un peu, pas longtemps. On n'attendra pas 15 ans cette fois-là... »

Peu de monde à ce moment-là connaît la vérité : le président du Parti québécois a décidé de se retirer. « Il l'avait laissé entendre à plusieurs reprises, depuis des mois et avec une clarté qui ne faisait aucun doute : s'il perdait le référendum il s'en allait, me dit Bernard Landry qui était dans la confidence. Avait-il perdu ? Dans ses standards à lui, oui : c'est un gars un peu Grand Siècle, rigoureux, qui a le sens de l'honneur. »

Lucien Bouchard, lui, n'a pas été mis dans la confidence. Il retourne à Ottawa reprendre son poste de chef de l'opposition. Jacques Parizeau ne l'appelle même pas avant sa conférence de presse du lendemain après-midi, faisant faire le message par Jean Royer à son chef de cabinet. « J'annonce qu'à la fin de la session parlementaire de l'automne [en décembre], je libérerai les postes de premier ministre, de président du Parti québécois et de député de l'Assomption », déclare-t-il dans le décor grandiose du Salon rouge de l'Assemblée nationale.

« C'est arrivé comme un coup de tonnerre dans un ciel bleu, cette histoire-là, me confia Lucien Bouchard un peu après. J'avais prévu et espéré un répit : je serais resté à Ottawa encore un bout de temps et serais retourné à la pratique du droit jusqu'à ce que les choses s'éclaircissent, mais sans trop y compter. J'aurais peut-être gardé un état de disponibilité mais j'aurais surtout refait ma vie privée. Il était très évident pour moi que Parizeau allait rester. Il était premier ministre, avait un mandat jusqu'en 1999 s'il le voulait et les résultats du référendum ne pouvaient être perçus comme donnant une indication de son départ. Au contraire, c'était un signal d'aller plus loin car il a encore beaucoup à donner. Personne ne le contestait au sein de son parti et moi-même, je n'ai absolument rien fait, au contraire, qui puisse saper son autorité au sein du Parti québécois...»

« Parizeau à ce moment-là, il était échec et mat ! dit plutôt un conseiller important de Lucien Bouchard qu'on reconnaît toujours à la vigueur de son langage. Quoi qu'il fasse, il fallait qu'il sollicite l'accord de l'autre.»

Autrement dit, Lucien Bouchard n'a pas ouvertement comploté contre le président du Parti québécois. Il s'est seulement rendu indispensable ! Et comme il ne peut y avoir deux chefs du gouvernement à Québec, Jacques Parizeau, en grand commis de l'État du Québec qu'il a toujours été, s'est effacé...

« Parizeau sait qu'il n'est pas un personnage politique aimé, dit Bernard Landry qui a généreusement participé à l'ascension de Bouchard. Cela veut dire qu'il peut avoir de la difficulté à faire avancer la cause plus loin et que ce sera dur de gouverner, parce qu'il y a des décisions difficiles à prendre.»

Il n'y aura pas de course à la présidence du Parti québécois. Et si Lucien Bouchard fait durer le suspense pendant trois semaines, c'est d'abord pour convaincre sa femme de renoncer une fois de plus à une vie

privée — il lui promet de passer plus de temps chez lui,
le soir en particulier, imposant à ses ministres et
conseillers un horaire qui commence à 7 heures du
matin — et pour mesurer l'ampleur du défi qui l'attend.
Comme en ces dernières semaines de juin 1990
pendant lesquelles il s'interrogeait sur son avenir
politique et la pertinence de fonder le Bloc, il fait le tour
de ses anciens complices de Forum-Québec. Il rencontre aussi, longuement, ces chefs d'entreprise qu'il
avait un peu bousculés pendant la campagne référendaire. Bouchard ratisse et bâtit sa coalition, au- delà du
Parti québécois qui ne lui suffit pas pour gouverner ni
réaliser l'indépendance du Québec. Tous l'encouragent
à « se cracher dans les mains et à remettre ça », comme
dirait Parizeau.

Le Québec serre les coudes, malgré les excès de la
campagne référendaire : de Laurent Beaudoin, président de Bombardier, à Françoise David, présidente de
la Fédération des femmes du Québec, de Gérald Larose
à Ghislain Dufour, jeunes et aînés, francophones et
anglophones, acceptent de s'asseoir ensemble autour
de Lucien Bouchard et de se parler. Même à Ottawa, de
hauts fonctionnaires d'origine québécoise, stratèges du
camp fédéraliste pendant la campagne référendaire, se
posent des questions : « Travailler contre le Québec, ce
serait difficile, me dit un mandarin de Jean Chrétien.
Contre Lucien Bouchard, impossible ! »

Dans le reste du Canada, par contre, le Québec paie
le prix des brutales attaques de Jacques Parizeau et de
Lucien Bouchard pendant la campagne référendaire.
« Tricheurs », « bigots », « racistes », « traîtres »... Les
dirigeants québécois — Bouchard, Parizeau et Bernard
Landry en particulier — sont tout cela et même un peu
plus. « Parizeau devrait aller en Bosnie et demander un
emploi aux Serbes, écrit-on à Winnipeg. Ils cherchent

quelques bons racistes. Il peut amener avec lui Lucien Bouchard : les souverainistes et leurs partisans émeutiers du lundi soir référendaire forment un groupe terrible et tyrannique.» Bouchard en particulier est soupçonné de vouloir entreprendre « un nettoyage ethnique car lui, il est bien plus dangereux que Parizeau», dit-on à Toronto.

« L'image luciférienne qu'on projette de moi au Canada anglais est tellement caricaturale que j'ai de la difficulté à comprendre, me confie un Lucien Bouchard très déçu au moment où il devient premier ministre. Je constate que ça ne s'améliore pas et que cela s'est même exacerbé depuis que le Bloc est présent à Ottawa car il concrétise cette réalité qu'il y a deux peuples au Canada, qui ont deux visions différentes de leur pays et que ça ne marche pas. Cela nous renvoie à nos ambitions souverainistes parce qu'il faudra bien qu'on finisse par se parler de peuple à peuple... »

Sans s'en rendre compte, le Canada anglais, par la virulence de ses propos et son hostilité, condamne dangereusement le Québec à la solidarité. Luc Lavoie, qui fait surtout carrière au Canada anglais et ne porte pourtant pas les « mangeux de bines et les ceintures fléchées» dans son cœur, dit à ses clients de l'Ontario et de la côte ouest : « Moi et Bouchard, on va toujours se rejoindre sur une chose : je ne tournerai jamais le dos au peuple du Québec, c'est à lui que j'appartiens et s'il doit prendre une décision collective [dans le sens de la souveraineté], j'aime mieux que ce soit quand Bouchard est son chef. Dorénavant, quand le Canada anglais va parler à Lucien Bouchard, c'est à l'ensemble du Québec qu'il va parler.»

□

Le lundi 20 novembre 1995, Lucien Bouchard demande à son ami Jacques Brassard de lui émettre une carte de membre du Parti québécois : il était temps ! car le lendemain à l'hôtel *Méridien* de Montréal, le député de Lac-Saint-Jean au parlement du Canada devient candidat à l'Assemblée nationale pour la circonscription de Jonquière, à la présidence du Parti québécois et au poste de premier ministre du Québec. Il annonce aussi un grand discours pour le 6 décembre devant les membres de la Chambre de commerce et d'industrie de Laval. À partir de ce texte et du long entretien que j'ai avec lui le lendemain, on s'aperçoit qu'il a des idées sur tout...

• *Sur l'éducation*, domaine au sujet duquel il rappelle : « J'ai souvent souhaité avoir un mot à dire [...] La réforme devra donner plus d'autonomie aux établissements d'enseignement, réduire l'encadrement abusif, extirper les excès de bureaucratie. Il faut simplifier les programmes et revenir aux méthodes d'enseignement et d'apprentissage qui ont fait leurs preuves, réhabiliter la notion d'effort, inévitable. »

• *Sur le système de santé*, où il trouve que « Jean Rochon est le bon gars à la bonne place » et il se fait personnel : « Quand je pense qu'on peut tomber malade comme ça m'est arrivé, être soigné comme je l'ai été, sans que ça coûte un sou ! Il va falloir se battre très fort pour conserver le système qu'on a. »

• *Sur les affaires internationales*, où il souhaite moins d'improvisation et plus d'attention au commerce et aux investissements.

• *Sur les finances publiques*, où il réclame un assainissement « qui doit passer surtout, sinon totalement, par une réduction des dépenses plutôt que par une augmentation des impôts ».

• *Sur l'emploi,* dont il fait sa priorité, accordant un « préjugé favorable » au secteur privé pour la création de nouveaux emplois.

• *Sur la réforme de la sécurité sociale,* son plus grand défi puisqu'il a promis que le Québec ne céderait pas à la vague de droite qui balaie le Canada : « Je ne veux pas toucher aux petits, promet-il, je ne veux pas toucher à des gens dont je me sens tellement solidaire, dont je faisais partie quand j'étais enfant au Saguenay–Lac-Saint-Jean. C'est mon monde, c'est nous autres ces gens-là... »

• *Sur les syndicats et les gens d'affaires* qu'il appelle à la solidarité et qu'il convoque à une conférence multipartite dès qu'il sera devenu premier ministre : « Nous devrons emprunter ensemble le chemin de la réconciliation, les gens d'affaires avec les syndicats, le secteur public en alliance avec le secteur privé, les anglophones, allophones et autochtones aux côtés des francophones. »

• *Sur la souveraineté du Québec,* à propos de laquelle il refuse tout virage. À ceux qui pensent qu'il pourrait être « la dernière chance du Canada », il répond en riant : « Vous êtes bien mal pris ! Je ne suis pas négociable sur l'essentiel et l'essentiel, c'est que le Québec soit traité comme un peuple. La seule façon que le Québec se fasse traiter comme un peuple, c'est qu'il se traite lui-même comme un peuple. Et ça, cela veut dire qu'il faut faire un autre référendum. »

« Pour un gars qui n'avait pas prévu devenir premier ministre du Québec, on a remarqué qu'il était prêt en maudit ! » observe, avec beaucoup d'autres, Jean-Roch Boivin...

« Ce serait un peu bête de vouloir assumer de telles responsabilités sans avoir des idées sur la façon de s'y prendre », me dit Lucien Bouchard quand je lui demande, le 22 décembre 1995, jour de son 57ᵉ anniversaire, s'il est prêt...

CHAPITRE 12

EN ATTENDANT LA SUITE...

L e 11 janvier 1996, à minuit, Lucien Bouchard est devenu président du Parti québécois. Sans opposition. Ce n'est pas un parti que lui a remis Jacques Parizeau au Conseil général du 27 janvier, c'est « un espoir organisé ». À 22 216 voix d'une majorité de oui en faveur de la souveraineté, Bouchard n'aura pas droit à l'erreur.

Homme de toutes les causes pour lesquelles le Québec s'est passionné depuis 30 ans, il a servi bien des maîtres : Pierre Elliott Trudeau, René Lévesque, Brian Mulroney, Robert Bourassa, Jacques Parizeau. Souvent impossible à comprendre dans ses loyautés, parfois difficile à expliquer dans ses défections, on l'excuse en disant qu'il a suivi l'itinéraire compliqué des Québécois.

« J'ai été, durant toutes ces années, entraîné dans le mouvement d'un peuple en marche », écrit-il lui même en 1992 à la fin de ses mémoires.

Mais depuis le 29 janvier 1996, premier ministre du Québec, c'est lui qui mène et propose aux Québécois de le suivre « dans la dernière étape de [son] parcours de peuple.» Sait-il au moins qu'il n'est qu'un des deux éléments d'une équation que le Québec ne parvient pas à résoudre depuis trente ans ? Car les Québécois n'ont pas un premier ministre : ils en ont deux, l'un à Québec et l'autre à Ottawa...

Lucien Bouchard ou Jean Chrétien ? L'un et l'autre voudraient nous faire croire que prendre parti, c'est prendre pays ! On verra bien. Au début de l'année 1996, Lucien Bouchard découvrait plutôt, jour après jour, les grandeurs et les petites misères de ses hautes fonctions...

On lui annonça que l'allocation de 14 000 $ — offerte aux chefs de gouvernement pour leur permettre de se loger dans la capitale — n'était plus disponible. La somme était déjà engagée, pour un an, dans la location de la résidence officielle, avenue des Braves, dont il ne veut pas pour ses enfants. Il emménagea plutôt dans le *bunker*, cet horrible cube de béton aux murs percés de fenêtres étroites comme des meurtrières. Un chef de gouvernement qui campe dans son bureau ! On n'a jamais vu ça sauf, en temps de crise. C'est d'ailleurs pour cela qu'on avait aménagé cette chambre dans l'édifice de la Grande-Allée : au cas où la crise d'Octobre 1970 aurait dégénéré et contraint Robert Bourassa à dormir près du téléphone qui le reliait à la Sûreté du Québec et à l'armée du Canada !

D'autres que Lucien Bouchard eussent pigé dans la caisse du parti, ou accepté la générosité de quelque groupe de bailleurs de fonds. Brian Mulroney ne reçut-il pas une contribution de la caisse du *PC Canada Fund* pour meubler sa résidence officielle ? Un groupe de donateurs anonymes ne paya-t-il pas la piscine de Pierre Trudeau ?

« Il y a des gens qui sont moins bien logés que moi, me dit Lucien Bouchard, racontant sa vie d'ascète. Le soir, quand j'ai fini mon travail, je me promène entre mon bureaau et ma chambre, je mets de la musique et je lis tranquillement.» Cet homme-là n'a pas l'air de trop souffrir de ces trois ou quatre soirées de solitude par semaine où il n'est tenu d'être ni père ni époux. Le seul aménagement qu'il se soit permis, c'est ce petit banc qu'il a fait installer dans la salle de bains pour lui permettre de prendre sa douche assis.

« Et en plus, ajoute-t-il comme si cela suffisait à tout expliquer, cela ne me coûte pas cher !»

Ses amis ont bien dit que Lucien Bouchard est un « baise la cenne » ! C'est pour cela qu'il a si mal pris la polémique suscitée par le fait qu'il voulait réclamer sa retraite de membre de la Chambre des communes. « Toutes ces années à Ottawa, je l'ai gagnée cette retraite ! protesta Bouchard. Et en plus, j'en ai payé presque la moitié.»

La nouvelle pouvait difficilement plus mal tomber : le quotidien de la capitale, *Le Soleil*, était en pleine campagne contre la pratique du *double dipping*, la « double assiétée » qui permet à quelques groupes de privilégiés de percevoir leur retraite de fonctionnaire ou d'élu tout en étant rémunérés pour une autre charge publique. Lucien Bouchard a compris, un peu tard ont jugé certains, que sa situation serait indéfendable : chef de gouvernement, il s'apprêtait à réclamer de lourds sacrifices à toute la population.

« C'est budgété et ça fait une différence, ce 33 000 dollars-là », dit-il en s'apprêtant à prévenir Audrey Best, alors en voyage en Californie. Le couple Bouchard désire beaucoup, et c'est bien son droit, s'acheter une maison, à Montréal de préférence : ces prestations annuelles, garanties à vie, tombaient plutôt bien !

Ayant renoncé à sa rente canadienne, ce qui a le plus ébranlé Bouchard — et ramené ses ambitions de

chef de gouvernement à de plus modestes proportions !
— c'est de se faire rappeler à l'ordre par l'Église catholique et de ne pas pouvoir faire ce qu'il voulait de cet argent. Le jeudi 18 janvier l'Archevêque de Québec, Mgr Maurice Couture, osa franchir la clôture qui sépare habituellement les dogmes de l'Église et la raison d'État : « Son attitude peut prêter à confusion et nuire à sa crédibilité, dit-il. Il aura peut-être l'idée, en seconde réflexion, de donner l'exemple en se servant de ce montant pour aider des organismes qui luttent contre la pauvreté. » Se faire rappeler à l'ordre par un Prélat, ce fut tout un drame pour Lucien Bouchard !

« Je suis catholique pratiquant et j'ai toujours beaucoup respecté l'autorité de l'Église », m'expliqua le premier ministre après l'incident. Sa mère lui a donné une éducation très stricte, « presque janséniste », et il y a plusieurs prêtres et religieuses dans sa famille. Divorcé, il n'ose même pas aller communier, subissant, comme il dit, « la dureté de la règle catholique ».

L'Archevêque de Québec connaissait aussi mal que le premier ministre les rigueurs de la loi de l'impôt ! Lucien Bouchard voulut faire don de ces 33 000 $ à l'hôpital Saint-Luc et au Centre de réadaptation qui l'avaient soigné quand il eut son attaque de myosite nécrosante. « Cela vous coûtera 6000 $ d'impôts de plus que si vous gardiez cet argent pour vous », lui dit son comptable. Il eut alors l'idée de réduire son salaire de premier ministre de 33 000 $: « Ne faites pas ça, dit encore le comptable, car votre retraite du gouvernement du Québec est calculée sur votre salaire réel ! »

C'est ainsi qu'une bonne partie de la journée du 18 janvier, Audrey Best, de Californie, était en conférence téléphonique avec son premier ministre de mari, un comptable du bureau Samson, Bélair, un expert du ministère du Revenu à Québec et un autre du ministère fédéral à Ottawa. On lui expliqua, avec le plus de ménagement possible, que les revenus de la famille venaient de chuter de 33 000 $ et qu'en plus, faisant don à l'État du Québec de la retraite fédérale, il faudrait payer 1500 $ supplémentaires d'impôts aux deux gouvernements ! « Tel est l'effet pervers des structures de l'impôt », soupira le mari !

Jacques Parizeau n'avait pas le droit de partager son salaire avec Lisette Lapointe, pourtant conseillère à plein temps du premier ministre de la province, et Lucien Bouchard ne peut pas davantage faire don de sa retraite de député fédéral à la recherche médicale : belle leçon pour nos premiers ministres ! À moins que ce ne soient les règlements de l'impôt qu'il faille changer.

Est-ce la mauvaise humeur de s'être ainsi fait prendre la main dans le Trésor fédéral par une opinion publique de plus en plus exigeante pour ses dirigeants ? Toujours est-il que, dans la semaine qui a suivi, Lucien Bouchard exerça ses prérogatives de premier ministre avec un zèle terrible. On s'en rendit compte 11 jours plus tard, le 29 janvier, lorsqu'il présenta son conseil des ministres au Salon rouge de l'Assemblée nationale : 5 vétérans du Parti québécois rétrogradés au rang de simples députés, 8 jeunes élus, pour la plupart sans longue expérience parlementaire, promus au cabinet ! On n'avait jamais vu pareil chambardement 16 mois seulement après une élection !

Bouchard avait bien dit que « le Parti québécois est une école d'apprentissage et que, pour un joueur en vedette sur la glace, il y en a deux ou trois qui sont en réserve sur le banc ! » Mais brasser à ce point les cartes du conseil des ministres ! Un confident du Saguenay, qui était dans le secret de la formation du cabinet, dut le mettre en garde : « Vous allez foutre le Gouvernement à terre ! » lui dit-il.

Après avoir ainsi constitué sa propre équipe de ministres, Lucien Bouchard s'inventa un ministère ! Il n'a jamais été à l'aise avec les grandes machines bureaucratiques car il n'a jamais pu dompter celle d'Ottawa, et celle de Québec l'inquiète. « Une grosse machine comme ça, je n'en ai pas vu souvent ! » me confia-t-il après avoir pris la direction du Gouvernement.

D'un naturel impatient, il ne me cacha pas sa frustration, après seulement 7 semaines dans ses fonctions de premier ministre : « J'aime que les choses roulent vite et quand j'ai décidé quelque chose, je ne comprends pas que cela prenne tant de temps à se faire. » Alors, pour mieux « fouetter la machine », comme il dit, il s'est créé son propre groupe d'intervention rapide : de jeunes cadres qu'il a connus au début des années quatre-vingt, quand il était négociateur en chef du Gouvernement avec les employés de la Fonction publique. « Je les appelle mes *pitonneux* parce qu'ils sont forts à manier les chiffres et j'ai créé avec eux mon Secrétariat des priorités, ce sera mon " Conseil privé " à moi. » À Ottawa, le Conseil privé est le ministère du premier ministre, le Saint des Saints du pouvoir fédéral. Ce groupe informel de sous-ministres et de cadres du Conseil exécutif de la province se rapporte directement à lui. Véritables « commissaires » de la nouvelle république de Lucien Bouchard, ils sont plus puissants que bien des ministres eux-mêmes.

Despote à ses heures, Lucien Bouchard peut, d'un trait de plume ou d'un geste rageur vers sa corbeille à papiers, anéantir les projets les plus ambitieux de son Gouvernement. Et il a trouvé mieux qu'un long discours sur les contraintes budgétaires pour s'en expliquer : « La polémique autour de ma retraite de député fédéral a fait de moi un gars déterminé en maudit ! me raconta-t-il. Toutes les fois qu'on m'arrive avec un décret et une nouvelle dépense, je regarde ça pis, quand ça me me plaît pas, je dis : " Non ! Mon 33 000 $, vous ne le dépenserez pas comme ça ! " Je leur répète sans cesse : " C'est non ! Dans le panier ! " J'en ai sauvé des millions à la province ! Il y a des semaines où je suis très payant pour mon gouvernement : ce 33 000 $ là, il fait des petits ! »

À Québec, on se fait difficilement au changement de style imposé par le nouveau premier ministre. Robert Bourassa temporisait. Parizeau raisonnait. Bouchard, lui, il expédie ! « Ma porte est toujours ouverte, dit-il, mais ceux qui ont affaire à moi font mieux d'arriver avec un dossier tellement bien préparé qu'on peut en disposer en quinze minutes ! »

Mais si le chef du Gouvernement vit en ascète et s'isole volontiers de ses ministres et de sa bureaucratie, l'homme politique a beaucoup de temps pour ceux qui n'attendent de lui ni décision ni arbitrage. [Je peux en témoigner moi-même !] Lucien Bouchard s'est créé, surtout dans la métropole, toutes sortes de réseaux parallèles qui lui permettent de s'informer en dehors des cercles du Parti québécois et de la haute Fonction publique. « Le Gouvernement du Québec, c'est pas seulement le gouvernement des souverainistes », annonçait-il juste avant de prendre ses fonctions de premier ministre.

Deux réseaux en particulier sont importants pour lui : celui de la communauté anglophone où il dit avoir repéré des gens comme le philosophe Charles Taylor, la Chancelière de l'université McGill, Gretta Chambers, ou l'avocat Peter Blaikie qui, « sans qu'ils renoncent à ce que le Québec demeure dans la fédération canadienne, ont une attitude différente ». Il passe aussi beaucoup de temps avec les milieux d'affaires et des chefs de file comme Laurent Beaudoin [Bombardier], Claude Béland [le Mouvement Desjardins], Pierre Péladeau [Quebecor], Henri-Paul Rousseau [La Laurentienne], et bien d'autres qui l'appellent et sont prêts à lui « fournir du monde ». C'est avec ces gens-là et avec les cadres du mouvement syndical, me disait-il en mars 1996, qu'il entend contrôler le suivi de la Conférence sur le devenir social et économique du Québec et définir son projet de société.

Lucien Bouchard a cependant, quoi qu'il en dise, moins d'empressement à fréquenter les groupes de pression représentant les femmes, les jeunes, les chômeurs ou les assistés sociaux : ceux-là l'agacent à l'occasion par le caractère excessif de leur discours. Lorsqu'il dit : « C'est mon monde à moi », il est sincère sans doute mais il est tellement bien sorti de ce monde-là qu'il y a un peu de condescendance dans le ton sur lequel il en parle.

Louise Harel, que d'aucuns surnomment la « Mère Teresa » du parti et qui n'a pas peur d'étaler sa conscience en tous cas, même devant son chef, rappelle que « René Lévesque aimait les travailleurs mais pas leurs syndicats, les femmes mais pas leurs organisations, les militants mais pas son parti. Jacques Parizeau maintenait au contraire de bons contacts avec les organisations mais n'était pas très à l'aise avec les personnes. Le défi de Lucien Bouchard sera de faire la synthèse des deux. » Le fait de soulever la question suggère qu'elle attend encore la réponse...

Lucien Bouchard a aussi un drame secret : il n'a pas d'amis au Canada anglais. « On m'y connaît seulement par la presse, les caricatures, les choses irresponsables qui sont dites », déplore-t-il. Certes il a des relations

avec quelques anciens de l'Université Laval comme
Peter White ou Michael Meighen, mais il les fréquente
assez peu. Et ceux-ci ne peuvent constituer un réseau
de gens influents puisque, vétérans du régime Mulroney, ils sont écartés du pouvoir.

En quête de « partenaires » dans le reste du
Canada, Bouchard s'est empressé d'inviter Ralph Klein,
le premier ministre de l'Alberta, à venir le rencontrer à
Montréal. Et il soigne particulièrement ses relations
avec... le premier ministre du Canada !

Quand, le 12 décembre 1995, Jean Chrétien eut
l'amabilité de « regretter son départ » de la Chambre
des communes, Lucien Bouchard sauta sur l'occasion
et offrit de lui rendre une visite de courtoisie. « Quand
je suis entré dans son bureau cela m'a fait drôle parce
que je n'y avais pas pénétré depuis le temps où Brian
Mulroney l'occupait », m'a-t-il raconté. L'entretien aurait
pu durer 10 minutes, le temps pour les deux hommes
de se dire qu'il était inutile de chercher à se convaincre
mutuellement. Il se prolongea bien au-delà des conve-
nances qui s'imposent à deux chefs de gouvernement,
pendant 45 minutes.

Il a bien sûr été question de la campagne référendaire. « Je l'ai trouvé blessé par mes discours sur
" la nuit des longs couteaux ", a remarqué Lucien Bouchard, en particulier mon discours télévisé pendant
lequel j'ai brandi la première page du journal avec sa
photo. » Le frère du premier ministre du Canada,
Michel Chrétien, et celui du premier ministre du Québec, Gérard Bouchard, tous deux des sommités de la
recherche médicale et grands amis, lui ont parlé de
l'incident. « Cela m'a touché, rapporte Bouchard. J'ai dit
à M. Chrétien : " Donnez votre propre version des faits,
dites ce qui est arrivé. Moi je n'ai fait que rapporter ce
qui se disait à l'époque ". » On n'entendra sans doute

jamais plus le chef des troupes souverainistes parler, sur le ton de l'indignation, des complots de Jean Chrétien contre le Québec, « dans la cuisine d'un hôtel et la boucane des gros cigares » !

Puis, après s'être dit ce qu'ils avaient sur le cœur depuis la campagne référendaire, les deux hommes se sont parlé en chefs de gouvernement. « On s'est mis à jaser de Montréal, de l'économie, de l'investissement qui se faisait difficile », raconte encore Bouchard. Jean Chrétien tentait depuis des mois d'intéresser un homme d'affaires à construire à Shawinigan un hôtel pour les touristes, européens en particulier, qui visitent le parc de la Mauricie.

« Ces touristes-là se rendent chez vous après, dit Chrétien, connaissant bien l'intérêt des Européens pour le lac Saint-Jean et le fjord du Saguenay.

— C'est vrai qu'on n'est pas bien organisés pour les recevoir, admit Bouchard.

— Eh bien, nous avons besoin de cet hôtel mais personne ne veut prêter d'argent ! Je fais des appels moi-même, j'essaie, mais ça ne vient pas », expliqua le premier ministre du Canada.

La glace était brisée entre les deux premiers ministres. Quelques semaines plus tard, lors de l'inauguration du Centre Molson à Montréal, Jean Chrétien quitta soudainement le siège qu'on lui avait assigné et vint s'asseoir auprès de Lucien Bouchard.

« Mon hôtel à Shawinigan, c'est réglé », dit Jean Chrétien tout heureux !

L'anecdote ne dit pas si les efforts de Lucien Bouchard pour rétablir un climat plus favorable à l'investissement privé y furent pour quelque chose mais elle témoigne de ce que les deux premiers ministres, en dépit de tout ce qui les divise, sont prêts à faire pour coopérer. En attendant d'être forcés de choisir entre

Lucien Bouchard et Jean Chrétien, les Québécois ont deux premiers ministres bien décidés à gouverner le Québec ensemble. C'est toujours ça de gagné !

□

« Et la souveraineté dans tout ça ? » se demandent les péquistes. C'est vrai qu'on a tendance à oublier, sans doute parce qu'il n'y a jamais milité, que Lucien Bouchard est aussi président du Parti québécois ! Et le nouveau premier ministre, résolu à « gouverner à temps plein », oublie parfois de parler de ce qui l'a porté au pouvoir : un parti et un projet souverainistes. Un jour que je m'étonnais des silences du discours inaugural dans lequel il exposait, pour la première fois, son programme de chef de Gouvernement, celui-ci m'expliqua : « Je vais essayer de changer le climat au Québec, de nous réunir autour de choses qui nous sont communes et de préparer, le moment venu, la vraie décision sur l'avenir du Québec et de la faire prendre, avec une majorité confortable de oui. Je vais vraiment essayer ça... »

Chaque chose en son temps donc et, n'attendant rien d'Ottawa, Lucien Bouchard n'est pas pressé. Car pour lui, la balle n'est même plus dans le camp du Canada anglais : elle a dû se perdre, quelque part entre Ottawa et Charlottetown, peut-être coulée au fond du lac Meech.

« Le Canada anglais a eu deux occasions de régler le problème que lui pose le Québec, explique-t-il d'un ton sans réplique. Il aurait pu être tenté de s'entendre avec René Lévesque en novembre 1981 parce que, souverainiste, celui-ci aurait été capable de vendre [le rapatriement] aux Québécois : il était au pouvoir et il avait son charisme. L'autre chance, c'est dix ans après, avec Robert Bourassa, fédéraliste d'une habileté redoutable et louvoyeur avec ça. Avec Mulroney l'équation était complète ! »

Lucien Bouchard ne craint donc pas quelque conversion soudaine du reste du Canada ni une proposition qui tenterait les Québécois : « Ils en ont vu d'autres et les ont toutes rejetées ! » Les échéances sont, de toutes manières, assez lointaines et il peut se permettre de se consacrer exclusivement à l'élimination du déficit, au sauvetage de la sécurité sociale et à la relance des investissements et de l'emploi. Tel est du moins son calcul...

Il y a bien sûr cette date du 17 avril 1997, marquée dans la Constitution de Pierre Trudeau comme celle où il faudra « réexaminer » la formule d'amendement. Jean Chrétien s'est empressé d'engager son gouvernement là-dessus. « Tout juste bon à envoyer au Musée des horreurs constitutionnelles », a tranché Bouchard. Après ?

Il y aura des élections à Ottawa au plus tard à l'automne 1998, bien avant que lui-même ne soit tenu, d'ici 1999, d'obtenir un mandat de la population du Québec. On évaluera mieux alors, à la popularité du Parti réformiste et de ses « 20 conditions à la séparation du Québec », de quelle humeur se trouve le reste du Canada !

Une chose est d'ores et déjà acquise : la ferveur souverainiste des Québécois n'a jamais été aussi vive que lorsque le reste du Canada lui a dit non. Pour l'instant, c'est le Québec qui s'est dit non à lui même.

Lucien Bouchard est donc condamné à gouverner, les péquistes à l'observer et les fédéralistes à espérer qu'il trébuche.

Quand le nouveau président du Parti québécois a dit : « Je suis celui qui, ultimement, prendra la décision de tenir un référendum », le numéro deux du parti,

Bernard Landry, s'est empressé de le reprendre : « Il faut dire, je décide et je persuaderai parce que le PQ est un parti de masse et de participation. Les gens qui ont donné des années, des milliers d'heures, des vacances d'été, ce n'est pas pour être transformés en machine organisationnelle : ils font ça parce qu'ils veulent être partie prenante dans les débats et dans les décisions. » « À bon entendeur salut ! » ont tout de suite compris les plus militants qui ne sont pas prêts à laisser aller l'article premier du programme du PQ et son effet d'*enclenchement* sur l'élection d'un gouvernement souverainiste à Québec. « Il n'y a pas un leader souverainiste qui puisse dire : " La souveraineté, c'est fini ! ", me disait Bouchard lui-même après avoir pris la direction du PQ. J'ai un parti dans lequel il y a beaucoup de militants qui veulent un référendum au plus vite. »

Mais la question la plus chaudement débattue, à son arrivée à la tête du Gouvernement du Québec, fut celle de la langue. « Il est plus difficile dans ce parti de toucher à la loi 101 que de remettre en cause la démarche souverainiste », l'avait prévenu Monique Simard. Quand le premier ministre donna des signes d'ouverture à la communauté anglophone du Québec et que la ministre responsable de l'application de la Charte de la langue française, Louise Beaudoin, annonça quelques timides adoucissements à la politique linguistique, ce fut une levée de boucliers parmi les militants de Montréal. En vacances en Floride, Lucien Bouchard se montrait agacé de cette attitude radicale des « purs et durs » du PQ. « Le peuple du Québec, ce n'est pas celui qu'avaient à l'esprit ceux qui m'ont précédé », s'apprêtait-il à leur dire pour les guérir de leur mentalité de « ceinture fléchée ».

Un peu partout au Canada où les gouvernements ont la pratique des décisions difficiles, on se dit que la popularité de Lucien Bouchard ne résistera pas à l'usure du seul pouvoir qu'il lui reste, celui de dire non.

Mais depuis sa démission du cabinet fédéral et sa maladie, Bouchard a établi une véritable relation affective avec les Québécois, les francophones en particulier. « Le peuple sent que l'homme qui est en face de lui vit ses problèmes et les comprend », observe Jacques Brassard.

Les fidèles de Jacques Parizeau s'interrogent tout de même un peu : « Avec Lucien Bouchard, je ne pense pas que les Québécois perdent au change, dit prudemment Jean-François Lisée. Mais une des qualités d'un chef est de savoir s'effacer pour aider la cause. Bouchard le saura-t-il ? Là-dessus, Parizeau a mis la barre très haute. »

« Il ne faut pas sous-estimer la force d'un parti pour aligner les décisions du gouvernement sur un parcours logique, rassure Bouchard. Si le Parti québécois avait pu être le parti d'un homme, il aurait été celui de René Lévesque. » Justement, René Lévesque en son temps, tout comme Robert Bourassa au sien, ne se sont pas gênés pour faire du détournement de parti.

Lucien Bouchard est prisonnier de l'implacable logique du régime politique canadien qui, quoi qu'il en dise, est assez décentralisé pour lui permettre d'être un bon premier ministre : les bons gouvernements provinciaux sont de bien mauvais témoins à la barre du tribunal où s'instruit le procès du fédéralisme !

Au-delà des détours de son cheminement politique — de Trudeau à Lévesque en 1972, à Mulroney en 1985, à Robert Bourassa en 1990, à Jacques Parizeau enfin —, Lucien Bouchard a tout de même maintenu une trajectoire, celle qui conduit à la reconnaissance des Québécois comme un peuple sans rompre la relation historique qui les lie au reste du Canada.

C'est du Lévesque ou du Bourassa, selon le pays qu'il choisira en premier, jugeront certains. Mais Lucien Bouchard cherche peut-être tout simplement une troisième voie pour sortir de cette polarisation qui, depuis 30 ans, renvoie fédéralistes et souverainistes québécois dos à dos.

Va-t-il « s'écraser » comme tel aurait été le sort de Robert Bourassa ? Va-t-il, une fois rendu au sommet de l'Everest, « se faire briser dans l'élan québécois vers l'indépendance », comme il a dit du destin de René Lévesque ?

En attendant la suite, Lucien Bouchard gouverne et prépare le prochain rendez-vous référendaire : il le pense inévitable et le veut gagnant. La question ? « Je suis celui qui, ultimement, décidera », répond-il. Mais avant lui, René Lévesque le 20 mai 1980, Robert Bourassa le 26 octobre 1992, Jacques Parizeau le 30 octobre 1995, se sont tous fait répondre non.

« Les Québécois n'ont pas suivi les leaders qui leur assignaient des objectifs qui n'étaient pas les leurs », me dit Lucien Bouchard le 22 mars 1996 pour conclure le plus récent entretien que j'ai eu avec lui.

Sans prétention, évidemment...

CHRONOLOGIE

1938   (22 DÉCEMBRE) : Naissance de Lucien Bouchard à Saint-Cœur-de-Marie.

1940   (AUTOMNE) : la famille Bouchard s'installe à Jonquière.

1959   (AUTOMNE) : Université Laval de Québec, baccalauréat en Sciences sociales (1960) et Licence en droit (1964). S'installe à Chicoutimi.

1966   Marié à Jocelyne Côté, d'Alma.

1968   Vice-président de la Commission politique du Parti libéral du Canada (Québec).

1970-1976   Premier président des tribunaux d'arbitrage du secteur de l'Éducation.

1972   Adhésion au Parti québécois, circonscription de Chicoutimi.

1974   (JANVIER) : Fondation de l'étude légale « Lucien Bouchard Inc.» (AUTOMNE) : Procureur en chef de la Commission royale d'enquête sur l'exercice de la liberté syndicale sur les chantiers de construction (Commission Cliche).

1976   (JANVIER-FÉVRIER) : Conseiller de Brian Mulroney dans sa première tentative pour prendre
la direction du Parti progressiste-conservateur
du Canada. (OCTOBRE-NOVEMBRE) : Participation
à la campagne électorale de Marc-André
Bédard, candidat du Parti québécois dans la
circonscription de Chicoutimi.

1977   Commission d'étude et de consultation dans
les secteurs public et para-public (Martin-
Bouchard).

1978-1982 Négociateur du gouvernement du Québec
dans les négociations collectives des secteurs
public et para-public.

1982   Avocat devant la Cour suprême dans la cause
du Gouvernement du Québec contre la loi
constitutionnelle d'avril 1982.

1983   Conseiller de Brian Mulroney dans sa
deuxième tentative pour prendre la direction
du Parti progressiste-conservateur.

1984   Participation à la campagne électorale et à
l'élection (4 SEPTEMBRE) d'un gouvernement
conservateur.

1985   (JUILLET) : Ambassadeur du Canada en France,
représentant personnel du premier ministre
du Canada aux Sommets des pays ayant en
commun l'usage de la langue française - Sommet de la francophonie - de Paris (1986) et de
Québec (1987).

1987   (3 JUIN) : Signature à Ottawa de l'Accord du lac
Meech.

1988   (31 MARS) : Assermenté au Conseil privé et
nommé Secrétaire d'État du Canada. (20 JUIN) :
Élu député de Lac-Saint-Jean. Divorce.

(21 NOVEMBRE) : Élection générale, réélu député de Lac-Saint-Jean. (DÉCEMBRE) : Adoption de la Loi 178 sur l'affichage commercial au Québec, menace de démission de Lucien Bouchard.

1989 (30 JANVIER) : Nommé ministre de l'Environnement du Canada. (17 FÉVRIER) : Marié à Audrey Best.

1990 (23 FÉVRIER) : Nommé ministre responsable des affaires politiques du Parti progressiste-conservateur au Québec. (22 MAI) : Démission du cabinet fédéral et du groupe parlementaire conservateur. (22 JUIN) : L'Accord du lac Meech est rejeté à la suite du refus des législatures du Manitoba et de Terre-Neuve de l'adopter. (3 JUILLET) : Nommé membre de la Commission sur l'avenir politique et constitutionnel du Québec (Bélanger-Campeau). (25 JUILLET) : Regroupement de huit députés indépendants de la Chambre des communes sous l'étiquette de Bloc québécois.

1991 (15 JUIN) : Fondation du Bloc québécois.

1992 (2 JUIN) : Lancement d'un essai autobiographique, *À visage découvert*. (26 OCTOBRE) : Référendum national sur l'accord constitutionnel négocié à Charlottetown le 28 août. L'accord est rejeté.

1993 (25 OCTOBRE) : Élection fédérale. Réélu député de Lac-Saint-Jean. Le Bloc québécois, avec 54 élus, devient l'opposition officielle à la Chambre des communes.

1994 (12 SEPTEMBRE) : Élection d'un gouvernement du Parti québécois (Jacques Parizeau). (29 NOVEMBRE) : Lucien Bouchard hospitalisé à l'hôpital Saint-Luc de Montréal pour une phlébite. Atteint d'une myosite nécrosante, il est amputé de la jambe gauche.

1995 (17 FÉVRIER) : Première sortie publique : il critique la stratégie référendaire du premier ministre Jacques Parizeau.

(7 AVRIL) : Bouchard réclame un «virage» de la stratégie du PQ : l'accession du Québec à la souveraineté devrait être assortie d'une offre de partenariat économique et politique au reste du Canada.

(12 JUIN) : les trois chefs du Parti québécois, du Bloc québécois et de l'Action démocratique (Mario Dumont) signent une entente prévoyant qu'une offre formelle de partenariat serait faite au Canada anglais avant de proclamer la souveraineté du Québec.

(7 OCTOBRE) : Nommé négociateur en chef de l'entente de partenariat avec le reste du Canada promise dans la question référendaire.

(30 OCTOBRE) : Victoite du non (fédéraliste) avec 50,48 pour cent des suffrages exprimés, contre 49,52 pour cent au oui (souverainiste).

(31 OCTOBRE) : Parizeau annonce sa démission de ses fonctions de président du Parti québécois et de premier ministre du Québec, et de sa charge de député de l'Assomption.

(21 NOVEMBRE) : Candidat à la présidence du Parti québécois, il démissionne de son poste de chef de l'opposition officielle à la Chambre des communes.

1996 (15 JANVIER) : Démissionne de son poste de député de Lac–Saint-Jean à la Chambre des communes. (27 JANVIER) : Lucien Bouchard étant le seul candidat, son élection au poste de président du Parti québécois est confirmée par le Conseil national du parti. (29 JANVIER) : Premier ministre du Québec. (19 FÉVRIER) : Député de Jonquière à l'Assemblée nationale du Québec.

[Lucien Bouchard et Audrey Best ont deux enfants, Alexandre et Simon.]

BIBLIOGRAPHIE

Lucien Bouchard a fait l'objet de peu d'écrits jusqu'à son arrivée sur la scène politique provinciale. Voici cependant quelques références utiles :

Lucien BOUCHARD a rédigé un essai autobiographique où il se raconte *À visage découvert*, Montréal, les Éditions du Boréal, 1992.

Robert BOURASSA, dans sa série de conférences organisées par la chaire Jean Monnet de l'Université de Montréal, parle de Lucien Bouchard avec d'autant plus de précision, quoique fort peu, qu'il y est contre-interrogé par des universitaires : *Gouverner le Québec*, Montréal, Éditions Fides, 1995.

Manon CORNELLIER a publié, en anglais, une histoire du Bloc québécois particulièrement bien documentée : *The Bloc*, Toronto, James Lorimer & Company, 1995.

Jean-François LISÉE a fait une chronique très détaillée des travaux de la Commission sur l'avenir politique et constitutionnel du Québec (Bélanger-Campeau) : *Le Tricheur*, Montréal, les Éditions du Boréal, 1994.

Ian MACDONALD fournit des détails intéressants sur les rapports entre Lucien Bouchard et Brian Mulroney dans

Mulroney, de Baie-Comeau à Sussex Drive (traduit de l'anglais par Michel Saint-Germain et Élise de Bellefeuille), Montréal, les Éditions de l'Homme, 1984.

Peter C. NEWMAN consacre un chapitre à la rupture entre Lucien Bouchard et Brian Mulroney dans *The Canadian Revolution*, Toronto, 1996.

☐

Les sources les plus complètes auxquelles j'ai eu accès restent les huit entretiens privés que j'ai eus avec Lucien Bouchard lui-même au fil des années et dont les transcriptions intégrales représenteraient, à elles seules, une centaine de pages de ce livre.

INDEX

TABLE

CET OUVRAGE
COMPOSÉ EN CENTURY CORPS ONZE SUR TREIZE
A ÉTÉ ACHEVÉ D'IMPRIMER
LE HUIT MAI MIL NEUF CENT QUATRE-VINGT-SEIZE
PAR LES TRAVAILLEURS ET TRAVAILLEUSES DES PRESSES DE
L'IMPRIMERIE L'ÉCLAIREUR
À BEAUCEVILLE
POUR LE COMPTE DE
LANCTÔT ÉDITEUR.

IMPRIMÉ AU QUÉBEC (CANADA)